眠れる預言者の肖像

エドガー・ケイシーと共に永遠の生命を生きる喜び

魚田　邦彦

日本建国社

謝辞

この書を生涯に渡って僕を導いてくれた最愛の母に捧げます。
今もあなたの霊界からの導きがあることに深く感謝します。

巻頭言

我々は、悠久の古代から未来永劫に至るまで、連綿と連なる一なる意識である。
永遠の今を生きよう‼　（魚田邦彦）

眠れる預言者の肖像　目次

監修者・推薦の言葉　佐田意識研究所　佐田弘幸

前半は、20世紀最大の預言者エドガー・ケイシーについて書かれている。「よげんしゃ」という言葉には同音異義語がある。異なるのは、頭の「預」と「予」。預言者とは、「神の言葉を伝える者」であり、予言者は「未来を語る者」である。ケイシーは催眠誘導をされて深い意識に入ると、病の治し方だけでなく、あらゆる質問に回答ができる稀有な才能を持っていた。それは、人類誕生の理由から、我々が地球で生きる目標を、神の視点から述べることまで発揮された。そのケイシーの秘密が、著者視点からわかりやすく伝えられている。後半は著者の自叙伝に仕上がっている。

他のケイシー本と違うのは、〝熱烈なケイシーファンの著者〟ではあるが、安易にリーディングを盲信せず、「ケイシー信者からすれば、都合の悪いリーディングの矛盾点」があってもスルーせず、徹頭徹尾、客観性を貫いている視点である。

さらにこの前半部は、ケイシーの驚嘆すべきリーディングが発揮されたトピックだけでなく、その日時が明確に記述されており、年代を追って〝リーディングとともにケイシーが成長していったプロセス〟がよくわかる作りになっている。「なるほど、このリーディングの背景はこうなっていたのか！」と、なぞを解く至福の時間を読者に与えてくれるのだ。

後半の自叙伝はどうだろう？　正直な話、このカテゴリーで売れる本は限られている。著名なインフルエンサーやタレント、一世を風靡した人物だけとスイートスポットは狭い。私は著者の知人である。だから、「著者の神秘的・オカルト的事象に対する客観的な視点は、どのようにはぐくまれたのか?」を知ることができ、とても興味深くスラスラ読めた。

では、著者を詳しく知らない者が読んでも面白い本なのか? この自叙伝には、著者の考えをはぐくんだ体験が神秘に満ちている。スピリチュアルな視点を持つ者や、宗教的な体験、悟り体験に興味ある者にとっては垂涎の内容になっている。著者が参加していたUFOを呼ぶ会合では、実際に物理を無視した光輝く飛行物体を観察している。幼少期に突然「喜びの甘美な世界」に入り込み、あらゆることがわかる体験などは、修行僧が、苦行をして到達する悟り体験に近いと言ってよく、非常に興味深い。

そのような体験をしたからか、著者は日ごろから非常に穏やかである。著者が誰かを責めたり、イライラしているのを見たことがない。

人の本性が顕著に現れるのは、実社会において、意見が対立する人との間であろう。普段どんな良い名言を人に語っている者であっても然り。ケイシーを学ぶ我々も例外ではない。旧約聖書では、我々人間の醜悪な側面をこれでもかとえぐっているが、それが我々人間の暗黒面なのではないだろうか。その中において、著者の人格の陶冶は一線級である。後半の自叙伝からは、「性格を穏やかにし、人生を不安なく生きるコツ」を読みとることができる。これを読むあなたは、心が洗われるであろう。

推薦の言葉　日本建国社代表取締役　斎藤敏一

　私と魚田さんとの出会いは三十年余り前、私が神戸の阪急六甲駅の近くに住んでいた時代に遡ります。当時私は「ＦＯＴＳ（フォッツ）」という名前で、阪急六甲の周辺で、精神世界系のイベントや集会を運営していました。当時の活動で印象に残っているのは「シュタイナー本の勉強会」や「六甲山周辺の山歩き」でした。その活動は私の経験不足もあり、中途半端な状態で解散してしまいました。私自身の人生勉強がまだまだだったということ、活動のコアとなる体験が不足していたことが、うまく行かなかった主な理由でした。

大山登山の１ショット(右側が魚田氏)

　魚田さんとの出会いは、そういう活動の中での出来事でした。魚田さんについては、「エドガー・ケイシーに本格的に入れ込んでいる」程度の表面的な理解に留まるもので、それ以上の交友関係には発展しませんでした。小生の不徳のいたすところと恥ずかしい気持ちになります。

　魚田さんとの交遊が復活したのは、ごく最近のことです。それは、私が「あじまりかん」という不思議な古代の呪文に出会って、「あじまりかん体験」という一種の神さま体験がもたらされ、「あじまりかん友の会」という活動を開始してからのことになります。会の活動として機関誌『あじまりかん通信』を発行したり、出版社「日本建国社」を設立して自著を出版したりするようになってから、FOTSの友人経由で、魚田さんとの交遊が復活しました。

昨年のことになりますが、魚田さんから「自分のライフワークの集大成としてエドガー・ケイシーの本を出す」という企画が出され、早期出版に向けた計画立案等の作業が進み始めました。魚田さんには今年に入ってから『あじまりかん通信』に寄稿していただいているので、氏の考えていることや体験されたことが分かるようになってきました。そして、本書の校正を行う最終段階で、ようやく魚田さんの核心となっているエドガー・ケイシーという存在が見えてきました。これは編集者冥利というものです。

氏の原稿を本にする過程で、エドガー・ケイシーという人物像が私にも存在感を持って感じられるようになってきました。私のエドガー・ケイシーに対する印象は、「上面(うわつら)（＝皮）は感情の起伏が激しい世話好きな好人物だけど、内側（＝あんこ）は神さまばっかりの義人」となります。

これ以上うまく言えませんが、エドガー・ケイシーという霊存在が、魚田さんの情熱溢れる文章を通じて、私の中に入ってしまったように感じています。

本書の特徴は、従来のエドガー・ケイシー本というイメージからは大きく異なり、単にエドガー・ケイシーの人となりや業績を紹介することに留まらないところにあります。魚田さんは若い頃から熱心に神を探求されてきた方で、その真剣さと純粋さゆえに神に捕(とら)えられてしまった方なのだと思います。魚田さんは若い頃にケイシーと出会い、ケイシーとの関わり合いを通じてますます強く神に捕(つか)まえられてしまった感があります。

日本には『一厘の仕組』という神の人類救世プログラムが降ろされていて、これから地球維新（弥勒の世の開始イベント）(*)が起きるとされています。そのイベントにエドガー・ケイシー霊は積極的に参加・関与したいと思っていると感じるようになりました。

これは私の独断ですが、霊界のケイシーは今日本に来ていると感じます。

このような信念を持って出版活動を始めた弊社ですが、この度、魚田さんのエドガー・ケイシー本『眠れる預言者の肖像』が出版されるのは、極めて時宜を得た企画であると確信いたします。

魚田さんのご活動が、本書の出版を弾みとして、今後ますます発展することを祈念し、本書推薦の言葉とさせていただきます。

(*) 実は2024年4月13日に起きてしまいました。詳細は拙著『すべてがひっくり返る 完結編』（ヒカルランド）を参照ください。

第Ⅰ部　エドガー・ケイシー略伝

エドガー・ケイシーをご存知ない方のために

眠れる預言者と呼ばれたアメリカの霊的パイオニア、エドガー・ケイシーは、その死後80年近く経った今日でも、母国アメリカやここ日本で多くのファンを持つ、とても魅力的な人物です。彼の残した言葉は、現代のホリスティック医学やスピリチュアルの世界に多大な影響を与え、今でも病気の人や人生の様々な悩みに苦しむ人々を助け、光明へと導きつづけています。

エドガー・ケイシーは20世紀前半、古きよき時代のアメリカで、素朴な生涯を生きた信仰深いクリスチャンです。1877年にケンタッキー州、ホプキンスビルに生まれ、1945年にバージニア州、バージニアビーチで亡くなっています。普通の人にはない特殊な才能を持っていたために、アメリカでは一躍有名になり、これまでに何度もハリウッドで彼の生涯を映画化しようという話が持ち上がりましたが、諸般の事情で実現していません。

1970年代にはあのスピルバーグまでもが「映画を作りたい」と、ケイシー財団に相談を持ちかけたこともありました。21世紀になって、新しく書かれた伝記によりケイシー人気が再燃、その時にもハリウッドの映画化の話が持ち上がりました。2005年頃のことです。3回脚本が練られ、有名なアカデミー俳優、トム・ハンクスが主役を演じることが決まっていたのですが、実現しませんでした。

エドガー・ケイシーを有名にした特殊な才能とは、催眠に似たトランス状態になると、宇宙のすべてを見通す千里眼となり、古今東西の知識を駆使して、ありとあらゆる質問にも答えることができたというものです。

彼の能力が発見された１９０１年から１９２３年までの前半生では、医者に見離された病気に苦しむ人びとが、治療法を求めて彼を訪ねました。

彼はトランス状態になるとその病気の秘められた原因についても見通し、医学を学んだこともないのに、専門用語を駆使して正確に診断しました。彼はトランスから覚めると何も覚えてなくて、専門用語の発音すらできなかったそうです。

彼の処方した診断と治療法で、多くの患者が奇跡的に回復しました。その治療法は後に彼を研究した医師により体系化され、エドガー・ケイシー療法と呼ばれるようになりました。エドガー・ケイシーは、現在のホリスティック医学（人間を体と心と魂全体で捉える医学）の源流に位置する、いわばホリスティック医学の父とも言える存在だと分析する医師もいます。

後半生では病気の治療だけではなく、人生上のさまざまな悩み事を相談する人々も出てきました。エドガー・ケイシーは驚いたことに「人間関係のトラブルや問題事は過去世の経験に起因する」と語り、生まれ変わりとカルマの真実を伝え、人生への深い理解を示すことで多くの人の心を癒し魂を救いました。それこそ今でいう前世療法の発端であったといえるでしょう。

日本やインドなどでは馴染み深い輪廻転生やカルマの法則という思想も、ケイシー在世当時の西洋ではごく一部の秘教的伝統の中に見出されるだけで、一般的にはほとんど知られていませんでした。１９５０年代に、モーレイ・バーンスタインという催眠術師がケイシーの情報に触れて、退行催眠でルース・シモンズという女性の前世まで遡る実験をした記録『ブライディマーフィの探求』が大きな話題を呼び、生まれ変わり思想の一大潮流を巻き起こしました。これが西洋に輪廻転生の思想が広まる端緒となりました。

前世や生まれ変わり、よくスピリチュアルの世界で使われるソウルメイトやツインソウルなどの概念も、その源流にはエドガー・ケイシーの存在があります。最近テレビでも江原啓之さんなど、新時代の霊能者とも言われるスピリチュアル・カウンセラーが人気となり、スピリチュアルの世界も多くの人に知られるようになりました。エドガー・ケイシーはその意味においても元祖的存在であり、まさに霊的世界のパイオニアと呼ぶにふさわしい人物でした。

彼は多くの人から「バージニアビーチの奇蹟の人」、「眠れる賢人」と呼ばれました。相談者の中には発明王エジソンやテスラコイルで有名なニコラテスラ、更にはＦＭラジオの発明者もいて、彼らがケイシーの言葉からヒントを得て発明をしていたことが知られています。

第一次世界大戦時には、当時の大統領、ウッドロー・ウイルソンに招かれ、ホワイトハウスで、いまの国際連合の前進である国際連盟の14か条に至る理念を語ったと言われています。ウッドロー・ウイルソンは国際連盟の提唱により、ノーベル平和賞を受賞したのは多くの人が知るところでしょう。エドガー・ケイシーがアメリカの国家的預言者と言われる所以です。現在でも20世紀最大のサイキック（超能力者）あるいはチャネラーと呼ばれています。

エドガー・ケイシーの生涯は、その大筋において約22～23年ごとの3つの期間に分けられます。第1期は彼の生まれた1877年からリーディングの能力が発見された1901年までで、この時期は彼のこれからの生涯を暗示させる最も重要なエピソードと共に生涯の原型が散りばめられていました。

そして第2期は病気に苦しむ人たちを助け続けた霊的診断家として知られた時期、1901年から1923年までですが、この時期は同時に苦難に満ちた時期でもありました。

第3期は1923年から1945年に彼が生涯を終えるまでで、この時期は病気治療以外でも様々に広がりゆくリーディングの可能性を垣間見せてくれます。そして天使との約束、病める者、悩める者を救い、信仰者として人々への奉仕に生涯を捧げた奇蹟の人は、太平洋戦争の終結の年に天に召されました。

彼は自らの生涯を通じて、後世の人類に大いなる霊的遺産を残してくれました。それは彼の透視記録、リーディングのみではありません。我々はその遺産を活用し、新たな時代を切り開いていく希望と責任を託されたのです。

＊　＊　＊　＊　＊　＊

この本は筆者がエドガー・ケイシーとともに同行二人で探究した日々を『眠れる預言者の肖像』と題して、過去に書いた文章をまとめたり、今現在の筆者が抱いている思いをそのまま書き下ろしたりしたものです。時系列は前後しており30年前の記事を紹介していて、突然、最近の話題に飛ぶこともあります。個人表記も筆者と僕などがあり、ひとつに統一されていません。文体も突然「ですます調」から「である調」に変わることもあります。それは過去の記事に書いた表記と最近の文体が違っているからですが、あえて統一せず、そのままにしました。

登場人物の名前については、既に本などを出版して著名な方、あるいは本人に了解をいただいた方については本名を使用していますが、既に故人となられた方や未確認の方などは仮名、あるいはイニシャルを使っています。

「同行二人」とは、四国八十八か所を巡るお遍路さんがいつも弘法大師と一緒に巡礼しているという意味で笠などに書きつける言葉ですが、筆者もそのような思いでエドガー・ケイシーと共に歩んできたつもりです。それはこれからも続くことでしょう。それでは、多くの人を魅了してやまない、エドガー・ケイシーの不思議な世界を、皆さんとともに探求してまいりましょう。

序章　有名な預言者の碑―エドガー・ケイシーの紹介―

有名な預言者（ケンタッキー州ホプキンスビル）

FAMOUS PROPHET
Edgar Cayce - psychic counselor and healer. Accepted nationally, he was one of the best known in this field. A humble and religious man, he never profited from his predictions. Used his reputed gift of extrasensory perception, including medical diagnosis, to better man's understanding of God's purpose for him here on earth. Born near here, 1877. Died, Va., 1945. Buried here.

エドガー・ケイシー、サイキックカウンセラー、ヒーラー。国内では、この世界で最も有名な人物の一人である。謙虚で信心深い彼は自分の予言から利益を得ることはなかった。

医学的な診断にとらわれず、超感覚的知覚の才能を発揮し、この地上に存在する神の目的をよりよく理解することに努めた。

1877年、この地に生まれ、1945年、ヴァージニア州にて死去。ここに埋葬される。

アメリカ・ケンタッキー州、ホプキンスヴィルの郊外にある墓地の近くには「FAMOUS PROPHET（有名な預言者）」と記された碑が建てられています。それは、この地に埋葬されている偉大な霊的パイオニア、エドガー・ケイシーを称えたものです。

彼は20代前半に起きたある事件をキッカケに、自分が催眠に似たトランス状態になると、医者に見離された病人に対して、その病気の根本的な原因を含めた診断と治療法を口述できることに気がつきました。彼自身がこの口述を聞くことは出来ませんでしたが、実際に多くの病人がその治療法で回復していくのを見ることが出来ました。

彼のこの才能が医療診断のみならず、この世界の抱えるありとあらゆる問題や疑問、一人一人の人生における様々な段階の悩みや苦しみに対しても解答を与えることが出来るという、宇宙的な広がりを持つものであることが知られたのはそれからまだ大分先のことですが、特筆すべきは、それらの解答が検証可能な領域を調査した結果、そのほとんどが正確であることが確かめられていることです。

この口述はケイシーリーディングと呼ばれ、彼がバージニアビーチで67歳の生涯を終えるまでの間に記録として残されているだけでも14306件、総頁5万に及ぶ資料がエドガー・ケイシー財団（ARE）に保管されています。その価値は彼の死後80年近くを経た今日でも少しも色あせず、何百万もの利用者によってその有益性が実証されるに及び、世界中で益々脚光を浴びています。

第1部ではエドガー・ケイシーの生涯を3つの期間に分け、それぞれにポイントとなる重要なエピソードを紹介することで、彼の生涯の略伝とし、その生涯が我々に語りかけてくるメッセージに耳を傾けてみましょう。

第1章　ケイシーの原型的スケッチ

（1877年〜1901年）

第1期エピソード

エドガー・ケイシーは1877年3月18日に、ホプキンスヴィルの農家に生まれました。

彼の祖父は杖を使って井戸などの水脈を探り出す水占い（今でいうダウジング）の名人で、孫のケイシーが見ている前で、ホウキを念力で動かし掃除をして見せたりするサイキックでした。父は治安判事をしていて、霊的なことには無理解でしたが、母は心静かで忍耐の徳に恵まれ、幼いケイシーの理解者であったようです。彼は生まれながらに類い稀なる霊的な才能を豊かに持ち合わせていました。すでに幼少期のエピソードからもその片鱗を垣間見ることが出来ます。

第1期を語る上でとても重要なエピソードは6つあります。

1. 幼年期に異世界の住人と思われる、他の人には見えない子供達と遊んだ
2. 祖父が、その死後に彼に会いにきた（4歳）
3. 聖書との出会い、その後の異象と約束（6～13歳）
4. 教科書を読んで眠り、その内容をすべて記憶してしまった話（13歳）
5. 少年時代に突然発現した医療リーディングの元型（15歳）
6. 大説教者ドワイト・ムーディの助言と後に生涯の伴侶ガートルードとの出会い（18歳）

以下、この６つのエピソードについてみていきましょう。これらはケイシーの生涯を語る上での原型です。

幼年期に異世界の住人と思われる、他の人には見えない子供達と遊んだ

第1のエピソードは、小さな、他の人には見えない子供達が遊び相手として、しばしば幼いケイシーの前に現われたことです。その子供達は彼が一人のときに現われ、他の人が近づくと急に消えてしまいます。ケイシーはこの子供達と飛び跳ねて遊んだり、座り込んで話をしたりして遊びましたが、ある時期になると子供達は「もう君は年をとりすぎたから遊びに来るのをやめるよ」といって二度と姿を現しませんでした。この子供たちには誰もが妖精や精霊といった異世界の住人達のイメージを持つでしょう。

ケイシー研究家で神学博士、『諸教会へ』（邦訳『キリストの秘密』）の著者でもあるR・H・ドラモンド博士は、東京スタディグループのインタビューに答えて、こういった現象が西洋の特にアイルランドやスコットランドには昔からあることを指摘しています。時代から時代へと繰り返し極まれではあるけれども存在するというのです。

エドガー・ケイシーの時代に西のギャレット、東のケイシーと言われ、人気を二分した霊能者、アイリーン・ギャレット女史にも、幼少期に同様の体験があったそうです。21世紀に書かれたエド

ガー・ケイシーの伝記『アメリカの預言者』（未邦訳）の著者、シドニー・カークパトリック氏によると、彼らはエドガー・ケイシーを生涯に渡って背後から援助しつづけた霊団で、ケイシーが幼いころには彼に合わせて幼い子供の姿で現われていたと語っています。

祖父が、その死後に彼に会いにきた

次は第2のエピソードです。幼いケイシーは、祖父にとてもなついていました。彼が4歳になってからのあるとき、祖父は畑仕事を見るために彼を連れて馬に乗って出かけたのです。帰る途中、大きな池の前で、祖父は幼いエドガーを馬から下ろして、馬に水を飲ませるために池の中に入っていきました。初めは静かに水を飲んでいた馬は、何かに怯えるように突然暴れだし、祖父を放り出してしまいます。

その事故で祖父は亡くなってしまいますが、数ヶ月後、彼の前に現われ、生前果たせなかった約束について語って聞かせました。その後も祖父は現われ、彼と親しく話をします。彼以外の人には祖父は見えなかったのと、祖父の体が半透明で現実感のない印象がある以外は生前と変わらなかったということです。

第1、第2のエピソードは、彼が生まれながらに類い稀なる霊的な才能を豊かに持ち合わせていたことを示す典型的なものです。ケイシーはしばしば、トランス状態にあるときにサイキックな才能を発揮し、目覚めているときには普通の人だったと考えられていますが、決してそうではなく、目覚めているときでもすぐれたサイキックでした。

生まれながらに人々の周囲に様々な色合い（オーラ）を見ていたのですが、それが他の人には見えないということを青年時代まで知りませんでした。覚醒状態の時やリーディングの最中も、彼に霊的な存在が働きかけてきたことは数多くあります。

聖書との出会い、その後の異象と約束

第3のエピソードは聖書との出会いとその後の異象と約束です。これはケイシーの生涯を語る上で外すことの出来ない最も重要なものです。それは彼が6歳の時、一人の木こりが聖書の物語を熱い信仰と情熱を持って彼に話して聞かせたことに始まります。彼はすっかり引き込まれてしまい、聖書を読みたいと思うようになるのです。この時のことを後に彼は書いています。

「まだ、未熟な私の心にも、この本は内なる自己が求めてやまない何かが秘められているように思われたのです」（『わが信ずること』たま出版）

彼が読み書きを習ったのは7歳になってからで、自分専用の聖書を父に買ってもらったのは10歳になる2ヶ月ほど前（1月14日）でした。以来聖書を読むことに熱中し始めるのです。その頃の彼は牧師になりたいと強く願うようになりました。そして医者にもなって人々の魂を救うと同時に病

気を治す人になりたいと思いました。

彼は聖書に書かれている事をすべて信じ、毎日人を癒す力が与えられますようにと祈ったのです。そしてある夜、彼の前に天使のような有翼の婦人が現われ、「恐れないように、祈りは聞かれたのですよ。あなたの望むものは何ですか？」と問いかけました。彼は「他の人々、特に病気に苦しむ子供達を助けたい。また仲間達を愛するようになることを」と答えました。婦人は「あなた自身の信仰に忠実であるように病める者、悩める者を救いなさい」といい、静かに消えていったのです。

この異象と約束はエドガー・ケイシーの生涯を通じて神聖なものとして貫かれました。彼はその後聖書を愛読し、自分の年齢と同じ回数聖書を読み通す誓いを立て、自分の年齢に到達したあとは、年一回は最初から最後まで読み通すことを生涯続けますが、それはたいへん忍耐のいることでした。その深い聖書の知識から日曜学校の先生を務めていたこともありました。このような彼の信仰生活がある種の霊的な修行の役割をも果たし、その才能を、生涯を通じてハイレベルな状態に保つことを助けたとも考えられます。

さて、筆者の最も愛読するケイシーの伝記、『奇蹟の人』には彼が13歳になるまでには13回聖書を読み通していたと書かれています。しかし普通に考えてもあの分厚い聖書を7歳で読み書きを習い、自分専用の聖書を入手したのが10歳前の少年がいくら聖書への情熱があったとしてもわずか3年ほどで13回も読み通すなど、不可能ではないでしょうか？　これはおそらく、先程紹介したエピソード、つまり彼が自分の年齢と同じ回数聖書を読み通す誓いをたて、実行したことは真実ですが、

13歳までには年齢に読書回数は追いつかなかったと考えるのが妥当のようです。これはケイシーが聖書への並々ならぬ情熱を持っていたために誇張されて伝えられたものでしょう。

彼自身によって書かれた数少ない著書『わが信ずること』には「14歳になるまでにはバイブルは数回は通読していましたが、ほとんど理解はできませんでした」と書かれています。同じ段落でそのあとに、数年がかりで聖書を読破したとも書かれています。これはどういうことなのでしょうか？　おそらく異象と約束があった前と後で分けられているのでしょう。同じ著書の別のところで12歳までに3回は読んだという記述もあります。どちらにしろ13歳までに13回は読まれてはいないようです。

教科書を読んで眠り、その内容をすべて記憶してしまった話

第4のエピソードは、教科書を読んで眠り、その内容をすべて記憶してしまった話です。それは異象のあった翌日のことです。その素晴らしさに胸が一杯になった彼は、学校でたった一つの単語の綴(つづ)りも覚えられず、放課後に残されて教師に説教を受けたのでした。それを教師から聞いた父は怒り心頭に達し、その夜、息子への厳しい勉強が課せられました。それでも彼はいつまでたっても一つの単語も覚えられなかったのです。

彼がこの特訓に精魂尽き果てていた時、何かが彼の中でささやいているように感じられました。

「2、3分お眠りなさい。私達があなたを助けてあげましょう」

彼は父に少し眠らせてもらうように頼みました。眠りから覚めた彼は驚いたことに本の内容をすべて覚えてしまっていたのです。言葉の綴りだけでなく、何頁の何行目にその言葉があるのかということまで、両手で本をもって読んでいるかのように、彼の心の目に映ったのです。

このことがあってから彼は学校ではほとんど困らなくなりました。本を読んで数分間眠るとその内容をすべて記憶してしまったからです。私達が見たり、聞いたり、読んだりしたことは、意識していようといまいと潜在意識に記録されています。彼は眠ることで、その記録を顕在意識に呼び込む才能を有していたのでしょうか。これは普通一般の人にはとても出来ない特殊な才能です。

ところでこのエピソードの時、彼の内側から語りかけた声は一体誰だったのでしょうか。第3のエピソードにみる天使のような有翼の婦人にもいえる事ですが、これらはケイシーの能力、少なくともリーディングは彼固有の力では発現しえなかったことを暗示しています。彼は先天的な霊能者でしたが、後の聖書の愛読に基づく宗教的情熱は、彼をしてその意識を利己心や自我を超えた高級な世界からの働きかけを可能にしました。

素朴な少年の真摯な祈りに対して、霊的な世界からの働きかけが彼を助けたのです。彼の生涯で、その才能が他人の利己的な目的や自我を満足させるようなことに使われた時、しばしば彼は頭痛に苦しみ、その力が失われたこともありました。

スピリチュアリズム最大の霊能者と言われたダニエル・ダグラス・ホームにも、能力の消滅期間がありました。異象が、１８５６年2月10日から満1年間、彼の能力が消滅することを告げたのです。そして１８５７年の2月11日まで、ホームには何の力もなかったのです。このようにハイレベルな霊能力にはやはり他からの働きかけがあるようで、これはどうやらケイシーも例外ではありません。

もう一つ、このエピソードで考察しておきたいことがあります。エドガー・ケイシーは本を読まなくても枕にして眠るだけで内容を覚えてしまったと多くの人に考えられていますが、『わが信ずること』には、彼が後に本と文具のカタログを覚える時に「学校の勉強でやったと同じやりかたで、カタログの隅から隅まで読み、そして眠りました」という記述があります。どうやら本を記憶するには一度は読まなければならなかったようです。

少年時代に突然発現した医療リーディングの元型

そして第5のエピソードで興味深いのは、その後の生涯で、彼が駆使することになるリーディング能力が、少年時代に自らを癒すために突然発現していることです。学校の休み時間にケイシー少年は野球をやっていて、誰かが投げた球を背中に受けたのです。外傷はなかったのですが、後で異常な行動をとるために、父が無理やり床に寝かしました。しばらくして昏睡状態に陥った彼は突然しゃべりだしたのです。

「私は脊柱に当たった球のためにショックを受けた。私をこの衝撃から救い出す方法は特別のパップを作り、それを脳の底部に貼ることである」

彼はある薬草の名前をあげて、それをぶつ切りにした生たまねぎに混ぜてパップを作るように指示しました。その声は明瞭で威厳がありました。両親がビックリして立っていると彼はほえるように言ったのです。

「急いで、もしあなたがたが私の頭脳に取り返しのつかない損傷を与えたくないならば、すぐ今いったようにしなさい」

そしてパップが貼られると、彼は深い眠りに陥り、朝目覚めたときにはすっかり回復していたのです。このエピソードにより、少年時代から彼にはリーディングの才能があり、後の事件をキッカケに発見されるまで、静かに眠っていた事がわかります。

大説教者ドワイト・ムーディの助言と生涯の伴侶ガートルードとの出会い

第6のエピソードに移りましょう。彼は15歳の時に学校を中退して農業の仕事に就きました。そして2年間ほど働きましたが、ある時、街に仕事を見つけるために出かけて行って、本屋兼文具店の仕事に就きました。家が貧乏で牧師になるための高等教育が受けられませんでした。18歳の時、ホプキンスヴィルにキリスト教リバイバル派の有名な大説教家、ドワイト・ムーディ牧師が来訪して説教をおこなったのです。牧師になりたいという切なる願いを持っていたケイシーは、そのことをムーディ牧師に相談すると、ムーディは彼に堅実な助言を与えました。

「もし主があなたが牧師になることをお望みなら、道はひとりでに開けるでしょう。だがこのことを忘れちゃいけませんよ、神様に仕えるには説教壇はかならずしも必要でないということを、どこであろうとあなたが今いる所で、持っているものを捧げて、神様にお仕えしなさい」

結局、彼の牧師になる夢は叶いませんでしたが、深い聖書の知識を持っていたために、その後日曜学校の先生をしてほしいと依頼されたので、これこそがムーディの言われた持っているものを捧げて神に使えることにだと確信し、その助言に喜んで従いました。

ちょうどその頃、彼は後に生涯の伴侶となる女性、ガートルード・エバンスと出会うことになります。２年後の１８９７年、20歳のときには彼女と婚約しました。彼は結婚資金を貯めるため、モーレツに働き始めます。本屋の店員、靴屋の店員、文房具の行商や保険の外交員など、そんな時に彼は突然声を潰してしまうことになるのです。１９８９年初頭、彼が21歳のときでした。数か月にわたって彼の喉頭炎を10人程の医師が診察しましたが、原因不明で病気が回復することはありませんでした。

第2章　霊的診断家として活躍した時代（1901〜1923）

第2期エピソード

エドガー・ケイシーの生涯の第2期ではいよいよ彼の能力が開花しますが、それは栄光だけではなく、多くの受難にも苛まれた期間でした。

第2期の重要なエピソードとして、以下の5つを紹介します。

1. 喉頭炎による失声症を治したアル・レインの催眠療法（1901年3月31日）
2. 初期の頃の霊的診断、有名な3つの事例
3. 医師たちの集会で行われた実験
4. ケイシーとその家族に降りかかる悲劇（1911年〜1913年）
5. デビット・カーンと油田探しの旅に出る（1919年〜1923年）

喉頭炎による失声症を治したアル・レインの催眠療法

まず一つ目はリーディングの発現のきっかけとなった出来事です。

1899年初頭、21歳のケイシーは喉頭炎を患い、か細い声しかでなくなってしまいます。彼はその頃保険の外交員をしていましたから、その仕事を続けることが出来なくなりました。声を使わ

なくてもそれほど支障のない写真師の仕事をしながら、その病気を治そうとして1年以上が経過した頃、地元にやってきたサーカスの催眠術師、ハートが、彼の病気は催眠術で治るかもしれないとその実演を申し込んできました。

ハートが催眠術をかけると、ケイシーの声は正常のはっきりとした声になりましたが、催眠術を解くと、また元のか細い声に戻ってしまいます。何度やっても同じ状態だったので、ハートは治療をあきらめてしまいました。

その後、催眠療法家クワッケンボス博士が、彼を深い催眠状態に長い間とどめることで彼を治療しようと試みましたが、うまくいきませんでした。

３人目に登場したのが、アル・レインです。彼は、整骨療法を通信教育で学んだこともある治療家志望の若者でした。レインはケイシーの妹から彼の子供時代の話を聞き、ケイシーが催眠状態のときに、病気の原因や治療法をケイシー自身に聞いてみようと思い立ったのです。その実験は１９０１年３月31日の日曜日の午後に行われました。

レインは、ケイシーの無意識の心が喉の悪いところを見つけ出して、治療法を告げるように暗示を与えました。しばらくするとエドガー・ケイシーの声が答えました。

「そうだ、我々はこの肉体を見ることが出来る。我々が発見する障害は、神経の緊張に基づく声帯の部分的麻痺である。この状態を除去するには、今この肉体が短い間この障害の部分に血液循環を増すように暗示するだけでよい」（『奇蹟の人』霞ヶ関書房より）

レインが暗示を与えた後、目覚めたケイシーの声は病気を患う前の正常な状態に戻っていたのでした。ケイシーは大いに喜び、レインに感謝しました。しかしこのとき、レインはケイシーがトランス状態になると、自分の病気だけではなく、他の人の病気も、その原因や治療法を同じように口述することが出来るにちがいないと考えたのです。

ちょうどレインは長年胃腸が悪く、何人もの医者に診断してもらっていましたが経過は芳しくありませんでした。そこでケイシーに「試しに自分の診断をしてほしい」と頼みました。

ケイシーも病気を治してくれた恩人の依頼なので承諾し、一週間後の実験では見事な霊的診断と治療法が口述されました。その実験で確信したレインは、「二人で一緒に、霊的診断で病気の人を助ける仕事をしないか？」とケイシーに持ちかけたのです。13歳の時、有翼の婦人に言われた言葉が蘇ってきました。

「あなた自身の信仰に忠実であるように、病める者、悩める者を救いなさい」「よし、やろう」……。エドガー・ケイシーの霊的診断（フィジカルリーディング）の始まりでした。

それからしばらくすると彼の診断には患者さんが必ずしも目の前にいなくてもいいことがわかりました。エドガー・ケイシーは千里眼だったのです。世界中のどこにいても眠れるケイシーの前で、依頼者の今いるところが告げられると、正確な診断が為されました。時にはわけのわからない薬の名前や古今東西の様々な治療法について語られることもありました。

初期の頃の霊的診断、有名な3つの事例

次に初期の頃の霊的診断として、とても興味深い3つの事例を紹介しましょう。息絶え絶えの少女を救ったエピソードと未知の女性を助けられなかった出来事、そしてエイミー・ディートリッヒの事例です。

最初の事例はエドガー・ケイシーが1日の仕事を終え、レインの事務所で話をしているときのことでした。突然、階段を足音も荒く駆け上がってくる音が聞こえ、ひとりの女性が飛び込んできました。続いて4歳ぐらいの女の子を抱き抱えた父親らしき男性が転がりこんできました。

女の子は息絶え絶えで顔色は紫色でした。「気管に何かが詰まっているのではないか」と医師がX線をかけてみたが何も発見できなかったそうです。「後生ですからこの子を救ってください」という父の嘆願を聞くが早いか、ケイシーは急いでカラーを引きちぎって、首もとを楽にし、長椅子の方へと走って行きました……。

彼が目を覚ました時には子供と御夫婦はもういなかったのですが、やがて父親が駆け込んできて、エドガーの手を取り、幾度も振りました。父親の頬には感謝の涙が滝のように流れていました。「あなたはみんなが見放したのにあの子を救ってくださった」……。

女の子は、セルロイドのボタンを飲み込んでいたためにX線には映らなかったということです。医師はケイシーの言ったところにボタンが詰まっているのを発見して、ボタンを取り除くことがで

きたのでした。ケイシーは女の子を救ってくださったことを神に深く感謝して祈りを捧げました。

二つ目の事例は彼が森を散歩しているときです。遠くからケイシーを呼ぶ声が聞こえ、やがてレインが手に電報用紙を持って、走ってやってきました。

電報には「今、シカゴの病院に入院中で大変具合の悪い女性がいるので緊急にリーディングを取って欲しい」と書かれていました。

ケイシーは「そんなに緊急のことなら、今この場でリーディングをしよう」と、地面に横たわり両手をみぞおちに置いて、数秒後には眠っていました。

レインは女性の名前と病院の場所を言って、最初の暗示が終わるか終わらないかのうちに、ケイシーは激しく痙攣し始めたのです。

「我々はその肉体を今、前にしている。それは実にひどい状態にある。数日前におこなわれた手術のあとが今開いたばかりだ。この肉体は内出血をしている。この出血を止めない限り、命を救うのぞみはない」（『奇蹟の人』より）

レインは「目覚めよ」という命令を怒鳴らんばかりにケイシーに与えてから、急いで病院に長距離電話をかけに走って行きました。ケイシーもレインのあとを追って歩いて行きました。ケイシーが電話局に入っていくと、ちょうどレインが受話器を置いたところでした。その女性は内出血が原因で5分前に亡くなったということでした。

この未知の女性の悲劇的な死は、エドガー・ケイシーの心に大きなショックを与えました。

「もし自分が森などを散歩していなかったら……。もしレインがもっと早く自分を見つけていたら……。この女性は助かっていたかもしれない」

ケイシーは人々の人生や命を左右する自らの力の大きさ、責任の重さをまざまざと見せつけられ、身震いする思いでした。

３つ目は１９０2年秋に起きた事例です。エドガー・ケイシーの生涯において、最も有名な古典例として知られています。ケイシーの噂を聞いて、地元の名士でもあるディートリッヒ氏から電話が入りました。彼の5歳になる娘のエイミーを助けて欲しいというのです。彼女は2歳の時にインフルエンザに掛かったあと、それが治ってから精神の発育が止まってしまったのです。専門医の診断でも脳が損傷を受けていて回復の見込みはなく、絶望という診断でした。

ケイシーはレインとともにディートリッヒ氏の自宅を訪問してリーディングを行いました。

「故障は脊柱にある。病気にかかる数日前、この身体は乳母車からすべり落ちて、脊柱の底部を車の足台のところで打った。この障害が身体に弱いところを作り、そこにインフルエンザ菌が定着し、精神障害とその後の発作とを惹き起こしたのである。現在、我々が見るところでは、故障を除去して正常な状態に回復する道がある」

ケイシーはレインに脊柱矯正を指示して、それが正しく行われているかチェックするリーディングを取ることになりました。三度の矯正の後、「あらゆる点において整骨は正しくなされた。病状の好転はすでに始まっている」と語られました。自宅に帰ったケイシーはその5日後、ディートリッヒ夫人から「エイミーが今まで無駄にした年月を取り戻しているかのように、知能がどんどん回復している」と、喜びの涙とともに電話報告を受けました。

エドガー・ケイシーとガートルードは、1903年6月17日、ボーリンググリーンで結婚式を挙げました。ケイシーはこの時期、2回火事に見舞われていますが、最初の火事は1906年でした。そしてケイシーの長男、ヒュー・リンは1907年3月16日に生まれています。

ケッチャム医師の尽力により、1910年10月9日のニューヨークタイムスで、エドガー・ケイシーのことが新聞の一面で取り上げられたことで、アメリカの多くの地域で彼は知られることになりました。記事の内容については後述いたします。

また、時の大統領、ウッドロー・ウイルソンに2度も呼ばれ、ホワイトハウスで極秘のリーディングを行ったのも第一次世界大戦の戦時下であるこの時期でした。このリーディングの内容については、噂のみで何一つ確かな情報はありません。

1918年には占星術との出会う話がありますが、これも後述いたします。

医師たちの集会で行われた実験

次は医師たちの集会で行われた実験のエピソードです。

エドガー・ケイシーは、初期の頃はアル・レインと一緒に霊的診断家としての活動を始めました。

後にはジョン・ブラックバーンやウエスレイ・ケッチャムなど、医師免許を持った友人が彼に理解を示し、協力してくれるようになりました。しかしほとんどの医師は彼に対して懐疑的で、いかさま師の類だと信じて相手にしませんでした。

そんなある時、ジョン・ブラックバーン医師は彼の同僚たちにエドガー・ケイシーのことを理解してもらうために、多数の医師が出席する集会での実験を提案し、ケイシーもそれを了承しました。

実験ではケイシーが群衆の前の長椅子に横たわり、一人の医師が治療中の患者に対して、その病状を診断し、それが正確であることが確認されました。

その場に集まっていた医師たちの間にどよめきが起こり、もっとまじかに彼を見るために壇上に殺到してきました。医師たちは騒々しく議論をたたかわせ、やがてケイシーをつねったり、つついたり、まぶたを上げて眼球を覗いたり、口をこじあげるなどをし始めました。

ブラックバーンが制止するのも聞かずに、とうとう彼らは帽子のピンをエドガーの頬に突き刺したり、ナイフの刃で指の爪を一枚引き剥がすということまでしたのです。ところがなんの神経反応もなく、血の一滴すら出なかったのです。

ブラックバーンは激怒し、同僚を跳ね除け、「目覚めなさい」と命令しました。エドガーは起きるが早いか苦痛のあまり大声を上げた。あちこちの傷口から血がドッと吹き出したのです。エドガーは烈火の如く怒り狂い、「もう二度と医師たちの集会で実験などしない。あなた達とはもうこれで縁切りだ」と叫んでその場を去っていきました。

エドガー・ケイシーが霊的診断をする時、彼は自分が何を語ったのか、自分自身で聞くことができなかったので、たくさんの勝利が積み重なった後でも、自分自身の才能に対しての不安と疑惑に常に苛まれていました。

「こんなことで人からお金をいただく訳にはいかない」と、彼はリーディングを受けた人から料金をもらうことをストイックに拒み続けました。そんな自分自身に対する自信のなさが、やがて悲劇をもたらすことになるのです。

ケイシーとその家族に降りかかる悲劇

1911年3月29日に次男のミルトン・ポーターが生まれ、その子が病弱だったので、リーディングを取ることを考えたのです。ところが、不安な気持ちがブレーキになり、迷っているうちに、結腸炎にかかり、一月半ほどで亡くなってしまったのです。

たくさんの医者に見放された人を自身のリーディングで助けてきたエドガー・ケイシーが、次男を助けることができなかったとは、まさに灯台もと暗しというべきでしょうか。かれは「ミルトン・ポーターが病気になった最初の日になぜ、リーディングを取らなかったのだろう」といつまでも悔やみ、悲しみました。

しかし、悲しかったのは彼だけではありません。ガートルードは2人目の息子を亡くしたのです。

その悲しみはどれほどのものだったでしょう。彼女は日に日に青ざめ、物事に興味を失っていきました。やがて風邪にかかり、それが高じて肺炎となり、日増しに衰弱していきました。家庭医が彼女の容態について気になったので専門医を呼んで確かめたところ、相当進んだ結核にかかっていることがわかりました。結核は当時の医療では死の病と言われていました。

ケイシーはすぐに父親にコンダクターを頼んでリーディングを取りました。この時ケイシーから口述されたのは、ヘロインと他の薬品を混合してカプセルに包んで飲ませるという処方と、もうひとつはこれまでどこの誰も聞いたことのない不思議な治療法でした。

「一ガロン半の容量を持ち、表面を黒く焼いた樫樽を用意し、それに純良のリンゴ・ブランデーを一ガロン入れて、そこから立ちのぼる蒸気を一日四回吸い込むのだ」

ケイシーリーディングの処方により、ガートルードは時間がかかりましたが少しづつ、薄紙をはがすように癒やされていきました。この治療法は後にリンゴ・ブランデー療法と呼ばれ、ケイシー療法として結核や肺の病気に広く用いられるようになりました。

１９１３年2月、６歳になったヒュー・リンは父親の写真スタジオの中で遊んでいた時、フラッシュに使う火薬とマッチ棒で事故にあい、両目に怪我をしてしまいました。ヒュー・リンを診察した眼科医たちはケイシーに語りました。「この子の視力は絶望です。片方の目は酷くやられていますので、命を救うためには眼球をすぐに摘出しなければなりません」。その話を聞いたヒュー・リンは叫びました。

「僕の目を取っちゃいけないよ先生。眠っている時のパパが世界中で一番良い医者なんだ。どうすればいいか、パパが教えてくれるよ」（『超人ケイシーの秘密』）。

リーディングは「少年を完全に暗くした部屋に15日間入れておきなさい。濃いタンニン酸の溶液に浸した包帯を目に当て、頻繁に取り替えなさい。そうすれば視力は元通りに回復するだろう」と語りました。

リーディングの指示どおり、治療は忠実に行われました。15日の苦難期が過ぎ、最後の包帯が取り去られました。その下の顔はきれいになっており、火傷の痕もほとんど目につかぬほどでした。「前と同じようによく見えるよ」と、ヒュー・リンは嬉しそうに叫びました。エドガーとガートルードも長男の回復を涙を流して喜びました。

それまでのケイシーは自らの数奇な運命から逃げることばかり考えていました。自分が人々の人生や命すらも左右するという重圧に耐えられず、できれば平凡な普通の人でありたいと日々望んでいました。リーディングから逃れるために写真士としてしゃにむに働きだしたら、写真スタジオが2度も火事に見舞われたり、また声が出なくなったりしてリーディングに引き戻されるようなことが起き続けました。

しかし、妻の結核と長男の怪我を霊的診断で助けることができたということが、自らの才能について、それがいくらかは価値あるものであるに違いないという確信をもたらしてくれました。

この体験を通して、エドガー・ケイシーは自らの宿命に対して初めて前向きに向き合うことがで

眠れる預言者（アラバマ州セルマ）

エドガー・ケイシー（1877-1945）は、非常に才能のあるサイキックとして、全国的に認められていた。

人間味あふれる彼は、その能力から物質的な利益を得ることはなく、「神と人の愛を明らかにする」ために役立てた。

1912年から1923年まで、写真館を経営し、この建物に住んでいた。その間、多くのサイキックリーディングがここで行われた。

きたのです。そういう意味でも、この家族を救えた体験は、エドガー・ケイシーの人生における分岐点ともいうべき重要なエピソードなのです。だいぶ後になって『超能力―驚異の実験ドキュメント―』というドキュメンタリーの中でヒュー・リン・ケイシーがインタビューに答えています。

父は自分の才能にいつも戸惑いを感じていました。本人もわからなかったのです。自分の教えた治療法が、もしやその人を傷つけるのではないだろうかと、そればかり心配して、過ごしていました。父がこのことに専念し始めたそのキッカケというのは…家族、つまり母、それから目を患っていた私を、自分の治療法ですっかり治したことでした。その後は自信を得たためか、頼まれるといつでも快く引き受けました。父には写真家という仕事がありましたから金目当てではなく、人助けだったんです。よく、こう言っていました。「人から頼まれたかぎりはやってみるけれども、しかし人が傷つくことがあれば、もう二度とやらない」。

父はこの言葉を守りました。

アラバマ州セルマで写真館を経営していた頃の建物にも史跡の碑が残されています。

デビット・カーンと油田探しの旅に出る

エドガー・ケイシーが自らの才能に前向きに取り組み始めたころ、霊的診断を受けた人がその治療法を忠実に実行することには、大きな障害があることに気づかされました。

それは霊的診断を受けた人たちが医師に相談したとき、ほとんどの医師が、霊的診断に目を通すことすら拒絶し、薬剤師はそんな薬の調合はできないとはねつけ、患者自身もちょっと良くなると直ぐに治療をやめてしまうことが多発していたためでした。

ケイシーはリーディングが示した治療法を忠実に管理し、実行する病院を建てる必要があると考えました。ある時、ケイシーはリーディングに病院の夢について質問してみました。するとリーディングからは意外な返答が返ってきました。

あなたが水辺の土地に行ったとき、その夢は実現する。あなたの仕事は大洋のそばがいちばん良いのだ。水をわたった人々があなたのもとに来るのがよい。最上の居住地は、ヴァージニア州のヴァージニア・ビーチである。（『奇蹟の人』）

エドガーもガートルードもアラバマ州のセルマを愛し、そこで多くの人を助けていたので、リーディングの提案に魅力を感じることはありませんでした。

ヴァージニア・ビーチのことはさておき、病院建設のためには莫大な費用がかかります。その頃できたユダヤ人の友人、デビット・カーンの提案により、ケイシーはデビットと共に病院建設の資金を得るため、テキサス州へ油田探しの旅に出ることにしました。将来の収益の大部分を病院の建設と維持に当てることを保証した人々によって小さな会社が組織され、初めのうちは作業は順調に進んだのですが、リーディングは警告を発していました。

この計画に関係している者すべてが収益金の用途について一致しないかぎり、前に示した石油は永久に到達できないであろう。

石油産出に関わった人々の思いはバラバラでした。結局、仲間たちは資金が尽きて四散し、エドガー・ケイシーは大きな心の痛手を被ることになりました。こうして4年間にも及ぶ油田探しは終焉を迎え、ケイシーはアラバマ州セルマへと帰ってきました。時は１９２３年を迎えていました。

第3章　広がりゆくリーディングと昇天まで（1923〜1945）

第3期エピソード

エドガー・ケイシーの生涯の最後を飾る第3期の特徴は、第2期の経験から学んで、自身の仕事を後世のために残そうとした点にあります。

ケイシーは「自らの仕事は、このリーディングを一字一句漏らさずに後世に残すことにあるのではないか」と考えました。長い間続けていた写真師の仕事を畳んで、いよいよ覚悟を持ってリーディングの仕事に取り組み始めたのです。

具体的には、有能な速記者を雇ってリーディングの記録を残すことを考えたのです。有能な速記者であるグラディス・ディビス女史が雇われたのは1923年9月のことでした。

それからこの速記者はケイシー一家の新しい家族の一員として生涯を共にし、ケイシー亡き後もその仕事を40年以上にわたり継続し、エドガー・ケイシーの仕事を世界に広めることに貢献しました。

第3期のエピソードとして、以下の6つについて紹介しましょう。

1. アーサー・ラマーズと輪廻転生、ライフリーディングの発端（1923年10月）
2. バージニアビーチに移転、ケイシー病院ができるまで（1925年～1928年）
3. 病院の閉鎖とARE（研究と啓蒙の為の協会）設立（1928年～1931年）

4．神と人との愛を深める小グループの内なる探求
5．世界的地殻変動の予言―天使ハラリエルの介入―１９３４年1月19日（リーディングNo. ３９７６―１５）
6．神の下僕として生きた生涯―昇天

アーサー・ラマーズと輪廻転生、ライフリーディングの発端

さて、彼のリーディング能力は最初の22年間はそのほとんどが「医療リーディング（〝フィジカルリーディング〟とも）」でしたが、その後、１９２３年になって新たな展開を見せることになります。オハイオ州デイトンに住む裕福な印刷業者、アーサー・ラマーズとの出会いがその始まりでした。

ラマーズは「ケイシーが人の病気の診断と治療法が口述できるなら、その他の質問、例えば人生における悩み事の相談や、哲学や形而上学、宗教的な問題、古代史の謎、この宇宙の成り立ちや人類がいまだ解き明かしていないことについても正確に答えることが出来るのではないか」と主張しました。

そしてその手始めにラマーズは、「私自身が知りたい形而上学的な謎を解くためのリーディングの依頼を受けて欲しい」とケイシーに持ち掛けました。

彼の提案に魅力を感じたケイシーは、病気の治療ではなく、ラマーズのホロスコープを読むためにリーディングを取ることに同意しました。このリーディングの最後でケイシーはこれまでの人生に考えもしなかった驚くべき思想を語ることになります。

この実体に関するかぎり、これはこの領域への3度めの出現であり、この一つ前は僧侶であった。（リーディングNo. 5717－1、『川がある　下巻』より）

リーディングはラマーズがかつて僧侶であったと語ることで、東洋に伝わる輪廻転生の思想が、真実であると告げたのです。

信仰深いクリスチャンであったケイシーは、このキリスト教の信仰と相容れない思想をリーディングが語ったことに、最初は大きなショックを受けました。

ラマーズは、「輪廻転生についての様々な疑問点もすべてリーディングに問い合わせてみればいい」とケイシーにアドバイスしました。ケイシーは輪廻転生がキリスト教の信仰と矛盾しないことを理解し、少しづつこの思想を受け入れていきました。

人生における様々な悩み事や人間関係のトラブル、そしてしばしば病気に至るまでもが、その原因が過去生から持ち越したものであったり、そのときの行為や思いが時を越え、象徴的にあるいは教訓的な形で反映されている。その思想を受け入れることで人生に最も合理的で、深い洞察を伴う理解が与えられる。

これがケイシーリーディングで2番目に多い「ライフリーディング」として残されているものです。彼によって多くの人の過去生とカルマが明かされました。確認され、検証されたケースもありますが、医療リーディングほど顕著ではないので、ケイシーの語る過去生もそれが真実であるかどうかは分からず、結局は信仰の問題になってしまいます。

それでは、ライフリーディングを受け入れるに当たっては何が大切なのか？　次のリーディングで語られています。

あなたが生き、死に、そして祖母の庭にある桜の木の根元に葬られたということだけを知り得たからといって、それによってあなたが、ほんの少しでも良き隣人、市民、母、または父になれるというわけではない。しかし、もしあなたが不親切な言葉を吐いたことによって苦しんだことがあり、現在それを高潔に生きることによって正すことができるのを知るなら、それこそ価値のあることだ。（リーディング№.５７５３－２）

ライフリーディングを取るようになってから、ケイシーのリーディングはその他の様々なテーマに拡大されていきました。

夢解釈や瞑想と祈り、精神的霊的な問題、潜在能力の開発、ビジネスに関するもの、超古代アトランティスについて、世界情勢や天変地異など、ケイシーには答えられない質問は何もないように感じられました。

晩年の彼は「眠れる賢人」とか「バージニアビーチの奇蹟」と呼ばれ、多くの人から賞賛されています。

バージニアビーチに移転、ケイシー病院ができるまで

ケイシーはアラバマ州セルマにいる家族をオハイオ州デイトンに呼び寄せ、しばらくはその地でライフリーディングを含めて活動しました。デビット・カーンもケイシー病院建設と協会を創るための支援者を探すために奔走しました。

そんな時、ニューヨークで株の売買で成功していたユダヤ人のモートンとエドウィン・ブルーメンタール兄弟が支援を申し出てくれました。彼らはデビット・カーンからケイシーの話を聞いて興味を抱き、兄のモートンは耳の出膿をフィジカル・リーディングで治療しました。

そしてモートンは、リーディングが、病院建設の場所としてバージニアビーチを指定していることを知り、その場所に家を購入し、ケイシー一家に引っ越しするように促しました。こうして1925年にブルーメンタールの支援により、エドガー・ケイシーはリーディングが約束した地、バージニア・ビーチへとやってきたのです。

その後、モートンは若い頃から興味のあった哲学的、形而上学的な問題について多くのリーディングを取りました。今日、形而上学的なリーディングが多く残されているのは、この時期のモートンの依頼によるものだと言われています。

１９２7年5月6日、全国研究者協会（ＡＮＩ）がバージニア州で法人化されました。その主旨は「神と人類への我々の愛を具現化する」こと、そしてその目的は「広く心霊現象を研究し、心霊現象から得られる全ての知識の実際的利用法を社会に提供すること」でした。モートン・ブルーメンタールが会長となりました。そして全国研究者協会は、ケイシー病院建設にも取り掛かりました。

工事は急ピッチで進められ、ケイシー病院は１９２8年11月11日に設立され、ワシントン&リー大学の心理学教授であったウィリアム・モスレィ・ブラウン博士が、開所式の演説をおこないました。その後、モートンは協会に隣接する大西洋大学を設立し、ブラウン博士を学長として迎え入れました。

病院の閉鎖とＡＲＥ（研究と啓蒙の為の協会）設立

病院は、ケイシーの遠い親戚に当たる医学博士、トーマス・Ｂ・ハウスを院長として、最初の2年ほどは順調に運営されました。１９２9年に株式市場の崩壊により、世界的な大恐慌が起こり、モートン・ブルーメンタールもそのあおりを受け、病院の後援ができなくなってしまいます。その結果、病院は閉鎖されることになり、1931年2月28日、最後の患者が退院すると、ケイシーは病院の鍵を郡の治安官に手渡しました。その後、全国調査者協会（ANI）も解散となりました。

1931年3月28日にエドガー・ケイシーの自宅で開かれた集会での話し合いで、新たなる団体を創設することで合意がなされました。会の名称はブラウン博士の提唱による「研究と啓蒙のための協会（ARE）」とし、6月6日に州に申請し、7月7日には前の協会と同じ趣旨のもと認可され、法人となりました。ケイシーは住居も手放さざるを得なくなりましたが、更に最悪の事態が近づいていました。

数カ月後、ケイシーはニューヨークで病院を元通りにするための援助者を探すために、求める人々にリーディングを与えていました。その中にバーサ・ゴーマン婦人がいました。彼女は婦人警官で、ケイシーとガートルード、グラディスの3人は運命鑑定をしたことにより逮捕されてしまったのです。

地方の新聞は、この事件を面白おかしく取り上げました。どの新聞もエドガー・ケイシーを嘲る大見出しを掲げたのです。3人が都外に出るたびに待ち構えて写真を撮り、その後、ガートルードの写真だけを注意深く切り落として、エドガーとグラディスだけが路上で密かに邪な逢い引きをしているという効果を醸し出しました。ケイシーは激しい怒りを覚えました。結局、裁判では3人共無罪の判決が出ましたが、心の痛手は長く尾を引きました。

ケイシーは4年後にも逮捕されますが、その話題は後章に譲ります。

神と人との愛を深める小グループの内なる探求

１９３１年にＡＲＥが創設された頃、ケイシーリーディングには、「エドガー・ケイシーのような超能力を得るためにはどうしたらいいか？」という質問が多く寄せられるようになりました。

それについてのリーディングの解答はいつも同じでした。

「超能力を得るというより、魂を啓発し、霊性を高めていくことのほうがより重要であり、そうすることによってその人にとって必要な超能力は自然に日常生活の中で引き出されてくる、そのためには魂を啓発する小グループで活動するのがよい」

というのが、リーディングの主張でした。そこで、それを試してみようと小さなグループが、エドガー・ケイシーのもとに集まり、霊的成長のための一連のリーディングが求められました。

彼らは初代ノーフォークグループとよばれ、その後10年以上に渡って行われた１３１件のリーディングをまとめ上げ、メンバーの体験例も含め、グループ学習用のテキストを完成させました。リーディングの指示により、第1巻最初の第1課「協力」の前と第2巻、最後の第12課「霊」の後に同じ瞑想の章が加えられ、『神の探求』と名付けられた2冊の本が出版されました。

●忍耐についての小文

この時期のエドガー・ケイシーが残した文章があります。以前ケイシーセンターのディレクター、岩隈幸恵さんが翻訳して紹介しています。

忍耐についての小文

希望への証言とは、絶望のただ中に現れることが、エドガー・ケイシーによって書き綴られた小文に見てとることができます。ケイシーは大恐慌のさなかの１９３２年に、ケイシー病院、アトランティック大学、家族と暮らす家、そして愛する庭までを立て続けに喪失しました。苦痛の中、ケイシーは忍耐について書きました。

忍耐とは
魂の育つ土を耕すもの。
与えられた神の計画に従うこと。
傷つき易さに困り果てて祈ること。
試練や苦難への無関心をも愛すること、ちっぽけな不安を制する力。
神の計画を人間関係に見出すこと。
誰をも裁かずに。

誰をも避難せずに。衝動を常に英知の光で清らかにしておくこと。

忍耐とは
魂という建物の重要な礎。
利己主義を貼り付けにして最悪の過ちに善を見ること。
イエスの約束を人々にもたらすため自分の役目を果たすこと。
良い試みを罵る者をも祝福すること。敵を愛すること。
人々の中に善良さを見つけること。
恵みに感謝すること。
逆境を讃えること。
主のみ業に喜びを見出すこと。

エドガー・ケイシー　１９３２年７月末日（翻訳　岩隈幸恵）

●眠れる予言者と国民的英雄

この時期のケイシーは、世間の注目を大いに集めた事件に関わっています。「翼よあれがパリの灯だ」で有名な国民的英雄、リンドバーグの息子の誘拐、殺人事件の真相解明のためにリーディングが何回か実施されているのです。これについてはあまり知られていません。邦訳文献では『超能力者の事件簿』（アンドリュー・プート、青春出版社）という本の中でひとつの章、27頁に渡ってこの話が紹介されていますが、リーディングは紹介されていません。

世界的地殻変動の予言と天使ハラリエルの介入

１９３４年1月19日、ニューヨークで行われたリーディングでエドガー・ケイシーは20世紀末に起きるとされる世界的な地殻変動について語りました。その衝撃的な予言はエドガー・ケイシーをノストラダムス、ジェーン・ディクソンと並ぶ世界3大予言者の一人に押し上げました。最も有名な一節を抜粋してみましょう。

物理的変化について再び語ろう。地表は、アメリカの西部で分断される。日本のより大きな部分は海中に没するに違いない。北ヨーロッパは瞬く間に様相を一変するであろう。アメリカ東海岸沖に陸地が出現するであろう。南北両極に異変が起き、それが熱帯地方の火山活動を早め、両極の移動を引き起こす結果になるだろう。そのため、これまで寒帯、亜熱帯だった地域は熱帯化し始め、コケやシダが繁茂するようになる。これらは１９５８年から１９９８年までの間に始まり、この期間は〝主の光が再び雲間に見られる時代〟と広く謳われるようになろう。その時と季節と場所については、神の御名を呼び求めてきた者たち、神の召命と選びに預かる

印を体に受けた人々にのみそれは知らされるであろう。（リーディングNo. ３９７６－１５）

このリーディングで語られている予言の検証は後の章に譲りますが、リーディングの最後にハラリエルという霊的存在が「私が語った」と名乗りを上げているという点で。これまでのケイシーのリーディングとは違った特殊なケースであることが分かります。

ケイシーリーディングは本来、起きている時の自己の意識を隅に押しやって、ケイシー自身の超意識が活動し、そこから知識や情報を引き出すという形で行われています。しかしこの場合、別の霊的存在がトランス状態のケイシーの体を借りて話そうとしていたように見受けられます。この話題については『21世紀ビジョン』という本に取り上げられていますので、以下に要約します。

この頃、１９３３年10月から１９３５年1月までの約14ヶ月にわたってハラリエルの働きかけがあったようです。どうやらハラリエルはケイシーリーディングの恒久的な根源となることを求めてきたようですが、ケイシーの起きている時の意識がそれに従わないかぎり、ハラリエルもそのようにはできなかったのです。

このことはケイシーの直接の協力者や支持者の間で激しい論争を巻き起こしました。それは、ケイシーの透視家としての発展上、重要な決定を迫るものでした。はたして、目に見えない霊的階層を受け入れることは、一つの前進なのでしょうか?

結局、否という判断がなされました。支持者グループの大多数は「キリスト的意識と結びついた理想と一致する」ために、ハラリエルの導きを拒絶することに賛同したのです。(『21世紀ビジョン』マーク・サーストン、中央アート出版)

神の下僕として生きた生涯ー昇天

1942年になり、エドガー・ケイシーの伝記が出版されたことで、ケイシーは一躍注目を集め、リーディングを求める手紙の量はいっぺんに増えました。それらはどれも真剣にリーディングを求めていたために、彼は心を痛め、すべての依頼に答えようと体を酷使して無理を重ねたのでした。一日2回だったリーディングの量を7回、8回と増やしても、依頼の数は増える一方でした。

1944年の秋にとうとう彼は健康を害して倒れてしまいました。もうリーディングをする力も残っていないのではないかと思われましたが、数日後、最後の力を振り絞って自分の為のリーディングを取りました。リーディングは事務所の仕事をやめ、診療所に行くことを勧めました。「いつまでそこに留まらなければならないか」を聞くと「健康になるか死ぬまでだ」という答えが返ってきました。

結局、エドガー・ケイシーが健康を回復することはなく、1945年1月3日に帰らぬ人となりました。最後の力を振り絞って自分のためのリーディングをしたのが、最後のリーディングになりました。

●エドガー・ケイシーの生涯の略伝を終えるに当たって

これまで、エドガー・ケイシーの生涯を3つの期間に分け、ポイントとなるエピソードと共に略伝を展開してきました。これを読んでケイシーに関心を持たれた方はぜひ、詳細な伝記も出ていますので、それらを読まれることをお勧めいたします。特に勧める伝記は『奇蹟の人』です。

筆者はエドガー・ケイシーの超能力には驚嘆しましたが、それ以上に彼が生涯を通じてクリスチャンとしての信仰に忠実に、病める人、悩める人を助け続けたこと、その素朴な人生、そして人間味あふれる彼の愛すべき人柄に深い感銘を受けました。17歳の時に伝記を読んで以来、64歳の今に至るまで、エドガー・ケイシーは筆者をいつも導き続けています。願わくばまだエドガー・ケイシーを知らない多くの人に彼の生涯を知っていただきたいと思います。

推薦図書（伝記）
奇蹟の人—エドガー・ケイシーの生涯—（J・ミラード、十菱麟訳、霞ヶ関書房）
わが信ずること（エドガー・ケイシー、瓜谷侑広訳、たま出版）
永遠のエドガー・ケイシー（トーマス・サグルー、光田秀訳、たま出版）
ザ・エドガー・ケイシー（ジェス・スターン、棚橋美元訳、たま出版）

エドガー・ケイシー奇蹟の生涯（A・ロバート・スミス編著、三山一訳、中央アート出版）
エドガー・ケイシー物語　上・下巻（ジェス・スターン、中央アート出版）
眠れる予言者エドガー・ケイシー　増附完全版（光田秀、総合法令）

第4章　エドガー・ケイシーの探究

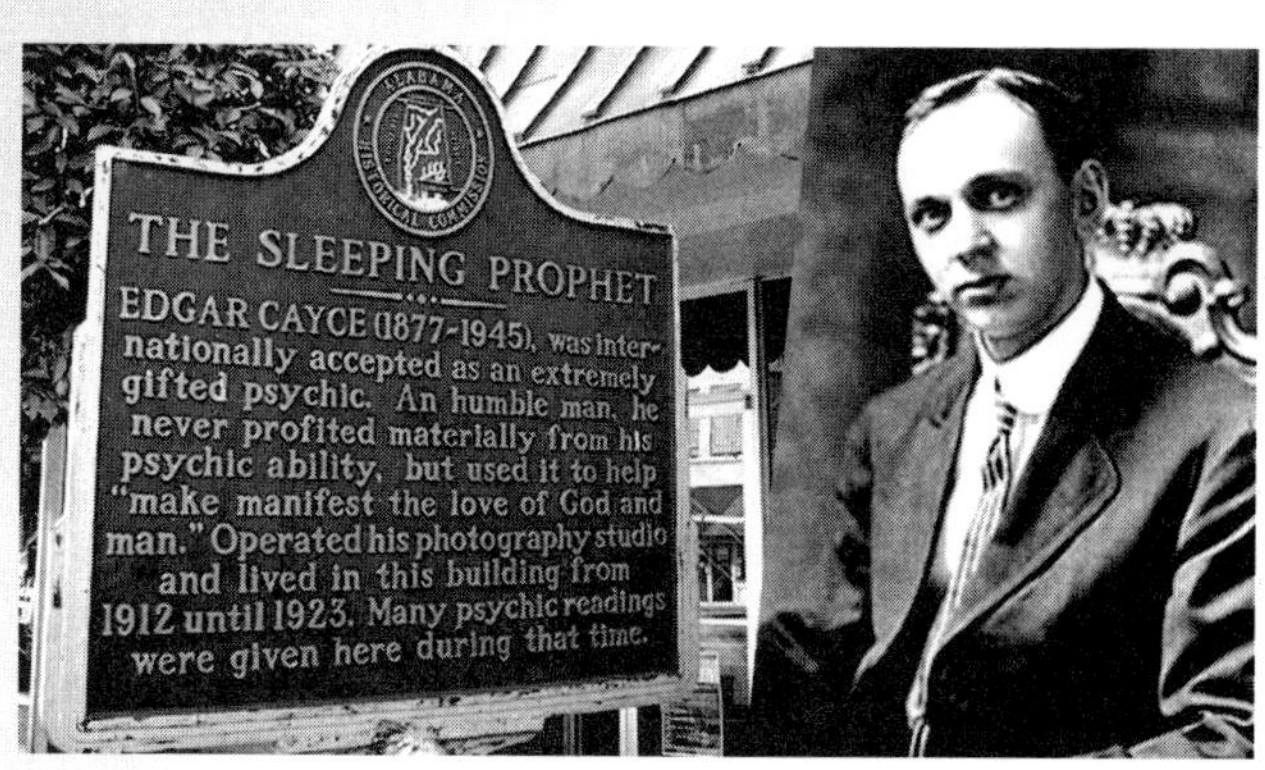

ALABAMA HISTORICAL COMMISSION
THE SLEEPING PROPHET
EDGAR CAYCE (1877-1945), was internationally accepted as an extremely gifted psychic. An humble man, he never profited materially from his psychic ability, but used it to help "make manifest the love of God and man." Operated his photography studio and lived in this building from 1912 until 1923. Many psychic readings were given here during that time.

探求テーマ

さて、この第4章ではエドガー・ケイシーについての考察を深めていくとともに、探求する上で抑えておきたいとても大切なことについて書いておきたいと思います。

以下の5つの項目に分けて展開いたします。

1. リーディングの分類
2. リーディングの原理と情報源
3. エドガー・ケイシーとAREについて認識すべき大切なこと
4. 日本におけるエドガー・ケイシーの研究と啓蒙の歴史
5. エドガー・ケイシーの生涯が示す人類の道標

リーディングの分類

まずはリーディングの分類についてです。筆者がエドガー・ケイシーに興味を持った初期の頃にはリーディングの総数を14256件と言われていました。リーディングが1枚のCDROMにまとめられる過程でより正確な件数に整理されていき、結局14306件に、落ちつきました。この総数はほとんど１９２３年9月以来、リーディングの速記者にして、ケイシーの有能な秘書となったグラディス・デイビス女史が記録したものです。以下、１４３０６件の６つの内訳です。

1. フィジカルリーディング（９６０５件）
2. ライフリーディング（１９１９件）
3. 夢解釈リーディング（６３０件）
4. 精神的、霊的リーディング（４５０件）
5. ビジネスリーディング（７４５件）
6. リサーチリーディング（９５７件）

一つ目のフィジカルリーディングは病気の治療や健康に関するもので、ケイシーの残したリーディング資料の中でも最も数が多く、９６０５件は、実に全体の67パーセントに当たります。

一般にエドガー・ケイシーはその医療リーディング故に心霊治療家であると言われます。広い意味ではそうかもしれませんが、そうだとしてもケイシーは特異な存在であるといえます。

心霊に力を借りて病気を治すという意味ではイギリスの故ハリーエドワーズ等に代表される手から何らかの霊的エネルギーを流して病気を治す方法、いわゆる心霊治療と、フィリピンの故アントニオ・アグパオア（通称トニー）等に代表され、患部を素手を使って手術する、いわゆる心霊手術の2種があります。

しかしケイシーの治療法では、直接彼が病気を治したことは一度もありません。彼は一般の医師にはわからない患者の過去の事故などを透視して、そこに病気の根本的な原因を見いだし、その病気を治す方法として、古今東西のあらゆる薬草や療法の中から適切なものを選び出して指示しただけでした。

治療するのはあくまで医師であり、それを受けるのは患者の自由意志に任されていました。治療は少しづつ時間をかけて行われ、完治するまで数ヶ月を要するものもあり、患者には忍耐が必要でした。それはしばしば患者が本来持っている自然治癒力を助けるように作用し、患者は薄紙をはがすように快方に向かったのです。

エドガー・ケイシーは、その性質から治療家というより霊的診断家であったといったほうがより正確でしょう。心霊治療家や手術師は、死後も患者を治すことはできませんが、ケイシーの場合、彼が生きていた頃よりも亡くなった後のほうが助けられた人がはるかに多いのです。その処方した薬や、オイルを使った健康法はエドガー・ケイシー療法と呼ばれ、現在でも世界中何千万もの人々に使用され、その効果を実証しています。

彼がリーディングの中で言及した医学知識は、人間を全体として捉える医学の新しい潮流、ホリスティック医学のなかで見直され、再発見されてきました。それゆえにエドガー・ケイシーはホリスティック医学の父と呼ばれ、現在でも多くの心ある進歩的な医師達は、ケイシーリーディングを研究し、医学の新領域を探究することで、21世紀の新しい医学を模索しているのです。

二つめのライフリーディングは１９２３年10月のアーサー・ラマーズとの出会いに影響を受けたリーディングの新領域です。転生の秘密によると２５００件と書かれていますが、ＣＤＲＯＭで１９１９件に修正されています。

３つ目のドリームリーディングは夢予知の秘密では１００９件と報告されていますが、これもＣＤＲＯＭによると６３０件です。４つ目の精神的霊的リーディングは、例えば神の探求のための１３１件など、２６２シリーズと言う番号が記されています。

５つ目のビジネスリーディングは、ビジネスについてのアドバイスを求めた人たちのリーディングです。６つ目のリサーチリーディングは、特定の問題に対して探求していったもので。例えば世界情勢についての３９７６シリーズ、アトランティスやエジプトなど、古代文明について、キリストの生涯や前世についてなど、様々なジャンルがあります。

リーディングの原理と情報源

それではリーデイングはどのような原理で、また、その情報源はどこにあるのでしょうか。以下に考察してみましょう。エドガー・ケイシーは「20世紀最大のチャネラー」としばしば言われてきました。彼が医療リーディングをする時、医学の専門用語を駆使して病気の根本的原因が語られるのですが、ケイシー自身は医学を学んだことはなく、目覚めた後、速記録に目を通すと、用語が専門的過ぎて発音すら出来なかったということです。

リーディングが我々と表現することからも、霊界の複数の医師達がケイシーを通して語ったに違いないと推測する研究家もいます。もしこれが真実であれば、エドガー・ケイシーは高級霊や天使たちの言葉を媒介したチャネラー達と何ら変わらないことになります。たしかに彼を通じて天使や霊界にいる聖賢たちが語ったこともありますが、それは稀なケースです。リーディングはほとんどの場合、ケイシー自身の超意識の心をもって為された所産と見るべきです。

例えば医療リーディングであれば、病人の細胞の意識とコンタクトしたり、それぞれの潜在意識からの情報であったり、ライフリーディングであれば、魂の記録、インド哲学で宇宙のすべてのものが記録されているというアカーシァの記録、あるいは聖書に記されている生命の書、近代の心理学でユングによって提示された集合的無意識などは同じものを表現しているのかもしれません。これらの領域で、ケイシーの超意識の心はダイナミックに活動していたのです。

ここでエドガ・ケイシーを最も有名にした１９１０年10月9日のニューヨークタイムスの記事を紹介しましょう。

●無学文盲の男催眠中大博士となる―エドガー・ケイシーの神秘力に医師連ただ呆然―

全国医師会が、ケンタッキー州ホプキンスヴィルのエドガー・ケイシーの不思議な力に深い関心を抱いている。同氏は半意識状態に入ると医学的難病の診断をする能力を得ると称され、普通の状態では医学について全くの素人である。なお、「この不思議な知識の源は何か？」と尋ねられた氏は、潜在意識的状態において次のように説明した。

エドガー・ケイシーの心は、他のすべての潜在意識と同様に、暗示に感応しやすい。しかし、さらに彼の心は、同じ種類の他の人々の潜在意識から得た知識を、外の人の客観的心に解釈して聞かせる能力を所有している。潜在意識はどんなことでも忘れることがない。顕在意識は外部より印象を受けて、全てを潜在意識に移す。いったん潜在意識に移ると、たとえ顕在意識が破壊されることがあっても、あらゆる知識は存続する。

氏は氏自身のことを第3者と形容し、更に氏の潜在意識は直接他の潜在意識と交流していて、自分の客観的心を通じて解釈し、受けた印象を他の客観的心に伝達する能力を有し、「このようにして何千万という他の潜在意識が所有する全知識を集めるのだ」と言っている。（『奇蹟の人』ジョセフ・ミラード、十菱麟訳、霞ヶ関書房）

●参考となるリーディング

もう一つ、参考になるケイシーのリーディングを紹介いたします。

この人物から与えられる、または得られる情報は、提示（誘導者から言葉で与えられるもの）が情報を引き出してくるその源から集められてくるのです。このトランス状態においては、心の意識は潜在意識、超意識又は魂に支配されるようになります。そして同じ種類の心と交流するようになります。そして魂や潜在意識は普遍的宇宙存在になります。どんな潜在意識からでも情報が得られます。現在の地上からも、すでにこの世を去った人物によって残された印象からでも、得られます。身体の諸力を征服することによって魂の諸力を用いて、現在いる他の人の心や、またすでに亡くなった人の心を通して、この人物は情報を得るのです。（リーディングNo.３７４４ー２）

●ジナ・サーミナラ女史によるリーディングの情報源についての考察

ケイシーの魂実体が頼った源はいくつかあり、これらはリーディング自らが説明をつけているのですが以下のように要約することができます。

1. エドガー・ケイシー自身の潜在意識
2. 地上界にいる他の人々の潜在意識の心（ライフ・リーディングー前世調べーが行なわれる時、その情報の一部はリーディングを受けている当人の潜在意識からきた。これはフィジカル・リ

ーディングー身体調べーにおいてもある程度は真実である）

3．霊界にいる転生していない実体の潜在意識の心

4．高位の大師たち（masters）の魂の心

5．アカシヤの記録（訳者注：波動として時空の上に残されている宇宙創造以来の記録）

6．普遍的な宇宙意識（cosmic conciousness）

このことから彼がどの視点から情報を得ていたにせよ、地上の人間のもつ視点からは無限に広く複雑な視点から彼が話していたこと、そしておそらくはこの故に言葉の難しさが生じていたらしいことがかなりはっきりするように思われます。

●内なる声を聴け

エドガー・ケイシーの確立された方法とは霊的導きのためには、自分自身を他の影響力に明け渡すことを避け、ひたすら内なる神の導きを求めるということです。内なる声を聴けというリーディングを引用しましょう。

今までにもたびたび教えたことであるが、自動書記だの霊媒だのに関心を向けるより、むしろあなたの内なる声に耳を傾けなさい！　ものを書くことによって、自己に備わっているもの

を表現するのならよろしいが、決して自分以外のものの力に手を委ねてはいけない。何故なら、宇宙は、〝神〟はあなたの外にはなくて、あなたの内にあるからである。あなたは神に属しているのだ。大自然の宇宙力と親しみ、あなたの父なる〝創造者〟と親しむことこそ、人間が生まれながら持っている特権なのである。神と共に歩むことを最上の満足としなさい。

我々は今後、外部からの力で導かれている人には助言をしないつもりである。何故なら〝神の国〟は外からやって来るものではなく、あなた方の内部から現れるものだからである。内からの霊感によって書いた文章と、外からの力に指図されて書いた文章とは、全く性質が異なるものである。

エドガー・ケイシーとAREについて認識すべき大切なこと

エドガー・ケイシーはしばしば催眠霊能者と呼ばれました。しかし、彼のリーディングができる状態は、決して催眠状態ではありません。おそらく西洋ではそれを説明する言葉がなかったため、催眠という言葉が使われたのでしょう。せめて、催眠に似たトランス状態というべきでしょう。

エドガー・ケイシー研究家でインド哲学にも詳しいI・C・シャルマ博士はその著書『転生とカルマの法則』（中央アート出版）の中で、エドガー・ケイシーを実用主義的神秘家と呼ぶことを提唱していますが、リーディングはインド哲学でいうところのトゥリヤ・アヴェスタという意識状態であると語っています。トゥリヤ・アヴェスタとは、超睡眠意識の段階で、通常は瞑想や修行を通じて自発的に生じるものですが、その中で人の意識は時空に束縛されない知識を得ると言われています。ケイシーの場合は前世で蓄積された傾向の所産でした。

超心理学ではサイキックの意識状態をチャールズ・タート博士の造語である変性意識(アルタード・ステイツ)という言葉で説明します。日常的な意識状態は通常意識（オーディナリー・ステイツ）です。超心理の世界ではサイキックには調子のいい時と悪い時などの波がある前提で実験が行われます。エドガー・ケイシーも神様ではないので当然リーディングが外れることもあります。ジナ・サーミナラ女史も著書の中で「ケイシーは確認可能な情報でも間違えたことがある」と報告しています。ただし、非常に精度が高く、能力の波も安定していたことは事実です。『大霊視者エドガー・ケイシー』の中で著者W・H・チャーチはケイシーの調子の波について語っています。その部分を引用します。

……リーディングは日によって、詳細で驚嘆すべきほどの正確さを持つ時と、表現方法があまりにも不明瞭で曖昧な時があった。そのような時には、あちこちに矛盾する個所さえあった。年号や人名ですら明らかに誤っており、時には、情報の部分部分が年代の順序と全くかけ離れていたりもした。それはなぜなのだろうか？

1919年、彼は次のような質問を投げかけられた。「この情報は常に正確なのですか?」。「暗示が適切なチャンネルに導くものである限り、それは正しい」と彼は答えた。これが意味するものは、「探求者はリーディングの指導者に求める情報について、正確に詳細なものを伝えるだけでなく、正当な動機をも持ってなければならない」ということである。ライフリーディングのための正当な動機とは、魂の向上発展のために自己認識を深めようとする願望である。

リーディングは(中略)別の角度から次のように警告している。「肉体的障害が起こるような時には、他の人々のための情報を引き出そうとすべきではない」これはエドガー・ケイシーが病気の時や、肉体的に疲労している時には、それが彼の霊能力にマイナスに作用し、その時期に実施されたリーディングは悪条件下のものであり、したがって明確さや正確さに欠けるものである。ということをほのめかしている。(『大霊視者エドガー・ケイシー』W・H・チャーチ、五十嵐康彦訳、大陸書房)

信奉者の中には、どんなことでも完璧に当ててしまう、まるで神のように、崇拝している人が多いのです。各国のスタディグループのリーダーを含め、その傾向を持っているのですが、これはとても危険な傾向です。僕もエドガー・ケイシーの大ファンで、狂信的なところがあることを、自覚しているので、エドガー・ケイシーを解釈する時は、自分自身の気持ちに対して、少し割り引いて判断するように心がけています。

また、エドガー・ケイシーのリーディングは、基本的には個人の質問に対して解答を与えたものであることを、はっきり認識しておく必要があります。誰に対しても同じ解答が当てはまるとはかぎりません。仏教には対機説法という考え方があります。それは相手の能力や状況に応じて説法をするということです。エドガー・ケイシーの場合、同じ質問をする人がいても、眠れる賢人はその人の背景を読むことで、全く正反対の解答になる場合もあります。例えば、「答えてもあなたには理解できないだろう」といって答えなかったリーディングもあるのです。

エドガー・ケイシーは宗教ではありません。ＡＲＥ（研究と啓蒙のための協会）は財団法人であり、研究団体なのです。ＡＲＥの主旨や目的は前身であるＡＮＩのそれを引き継いでいます。すなわち、その主旨は「神と人類への我々の愛を具現化すること」であり、そしてその目的は「広く心霊現象を研究し、心霊現象から得られる全ての知識の実際的利用法を社会に提供すること」でした。

メンバーに対しては、「ＡＲＥの活動を通して提供されたものを自らの人生に活用してみて、それが充分に価値あるものだと判断したならば自らの人生に取り入れてください。しかしそれが無価値だと判断した場合は捨てて顧みなければいいのです」という姿勢をいつも貫いていました。

エドガー・ケイシーのフィジカルリーディングで病気を治し、ケイシーに深く感謝して、ＡＲＥに参加された方がいました。ＡＲＥでは誰もが生まれ変わりについて語っているのを聞いて、その方は驚いてしまいました。自分の家に伝わる古くからの宗教には生まれ変わりの教義はありません。

その人は困り果ててしまい、目覚めているケイシーに尋ねました。

「ケイシーさん、私はあなたに命を助けてもらい、とても感謝しています。しかしケイシー財団で皆がしている生まれ変わりの談義には、入っていくことが出来ません。私はどうすればいいのでしょうか？」

エドガー・ケイシーは、自分の信念を他の人に押し付けるようなことは、決してしませんでした。なのでその方に「それは困ったことですね。それではケイシー財団のほうをやめてください。あなたの昔ながらの宗教に戻ってください」と返答しました。

このケイシーが一貫して取り続けてきた姿勢からも、エドガー・ケイシーとAREが宗教ではないことがわかります。ケイシーリーディングは宗教の経典ではありません。より良き人生を歩むための研究材料として、活用すべきものなのです。

研究してわかったことを啓蒙する。だから、AREは「研究と啓蒙のための協会」と呼ばれるのです。

とはいうものの、エドガー・ケイシーが生涯に渡って信仰深いクリスチャンであり、自らの才能に対しても、その信仰心に忠実に従うことで、精度の高い情報をもたらしたことは事実です。宗教についての定義をインターネットなどで調べてみると、「一般的に、人間の力や自然の力を超えた存在への信仰を主体とする思想体系、観念体系であり、また、その体系にもとづく教義、行事、儀礼、施設、組織などを備えた社会集団のことである」と出てきます。

この前半で語られている思想体系、観念体系には大いに当てはまる面があり、そういう意味で、「ケイシーも宗教なのではないか」という意見は否定しません。これからの新しい時代には形としての宗教は必要ないと思います。しかし宗教心を持つことは、誰にとっても大切なのです。

エドガー・ケイシーは、彼自身が書いた数少ない著書『わが信ずること』の中でリーディングについて、次の４つの考え方をまとめています。

①　リーディングのもたらす情報が、あなたの最高の理想と一致するかどうか決めるため、リーディングの内容や他人の経験なども充分研究すること。リーディングを適用することが、より良い夫、妻、息子、娘、市民、友人などになることになるだろうか？　より良い生活、より高い精神的・霊的目覚め、理解へと向かっていく行為、思想及び諸指標などが価値を測る目印であること。

②　感情的で気まぐれ、あるいは無用の好奇心を満足させるようなリーディングは求めてはいけない。真に価値あるものは、リーディングの内容が心の琴線には触れるものでなければならない。そして自分の霊的欲求にとって真実の如く響くものでなければならない。

③　あなたの立場を理解できない他人の批判や軽蔑的言辞に動かされることなく、リーディン

グに与えられた示唆は、これを守り抜くと決意すること。

④ 個人個人が求めているものしか得られない。すなわち、世間的な俗事しか求めない人には、それに応ずるものしか与えられないし、全体的でそして円満な生活を求める人には、それにふさわしいものが与えられる。

（『我が信ずること』エドガー・ケイシー、瓜谷侑広訳、たま出版）

リーディングのもたらす情報の研究や提案に関する質問に対して、与えられるリーディングは、前記のような考え方が必要であることを強調しています。この考え方は、この仕事に興味ある人のすべてが、慎重に考慮しなければならない事柄なのです。

日本におけるエドガー・ケイシーの研究と啓蒙の歴史

ここで紹介する研究と啓蒙の歴史は、あくまで大雑把で、簡単に紹介するだけであることをご了承ください。正直、細かく丁寧に歴史を追っていたら、それだけで1冊の本ができてしまいます。それと、もっと正確な情報が必要でしょう。

●日本初紹介を考察する

エドガー・ケイシーを日本に初めて紹介したのは誰かというと、宗教法人生長の家の谷口雅春総裁だと言われています。「カイシーの霊告」という文章で紹介されたそうですが、筆者の調査では、この文章が本なのか、雑誌なのか、いつどこに掲載されているのかは確認できていません。谷口雅春師の著書を調べたところ、「真理」という題名の本の第5巻女性編に、エドガー・ケイシーのことが１００頁ほども書かれていることがわかりました。書かれている内容はジナ・サーミナラ博士の「転生の秘密」の内容に谷口雅春総裁の私見が語られて展開されている文章のようです。

そしてその冒頭に、エドガー・ケイシーについては、「女性の理想」という本の中に略伝を書いていると紹介されています。筆者は、その本を古書店やネットの古本屋で２０年近くも探していましたが、一向に見つかりませんでした。今年（２０２３年）になって、ネットの古本屋で数冊出ているのを確認して、佐田先生に協力してもらって入手いたしました。

目次にはエドガー・ケイシー（表記は前述のようにカイシーです）の文字はどこにも出ていませんが、その本の第14章「児童の悪癖を暗示で治すには」（13頁）がすべてエドガー・ケイシーの略伝になっています。「女性の理想」は昭和29年（１９５４年）３月１日が初版発行日です。その当時、谷口雅春総裁の側近に十菱麟さんがおられたと聞いていますので、十菱さんが何らかの形で谷口師に影響を与えたのかもしれません。

そのほか、初期の頃にケイシーを紹介した文献としてはＵＦＯ、空飛ぶ円盤研究の日本における草分けの一人で毒舌家として知られる（故）高梨純一さんが『心霊の秘庫を開きて』という新書判150ページほどの本の中に19ページに渡ってエドガー・ケイシーのことを紹介しています。昭和31年（1956年）3月1日の初版です。

エドガー・ケイシーの伝記が初めて日本に紹介されたのは1959年10月です。十菱麟さんの名訳、『奇蹟の人―エドガー・ケイシーの生涯』（ジョセフ・ミラード）は初めは英瑞カンパニーという十菱さんの出版社から出ています。その後サカイブックス社からソフトカバー版が出て、霞が関書房に引き継がれていきます。

さて、本や雑誌という形ではありませんが、エドガー・ケイシーの情報が日本にもたらされたのはもっと古く、なんと明治時代に遡るのではないかという情報を筆者は入手しています。情報の発信元は（故）志水和夫さんです。晩年はケイシーセンターの理事を勤められた方で科学評論家としても多くの著書を残しています。

筆者はSNSのミクシィを積極的に活用していた時期があります。その時、志水さんとミクシィ上で再会しマイミク（ミクシイでの友達）になりました。2006年11月2日の志水さんのミクシィでの投稿に「エドガー・ケイシーの日本初紹介」という記事があります。その記事には、

学生時代に、神保町の原書店でアディントン・ブルースの『心霊乃謎』という本を立ち読みしていたら、訳注にエドガン・ケイスという人への言及があった。それによると、最近米国

で話題の人だとあり、日本でも何か記事が出たらしい。ケイシーは、早くも明治時代に日本に紹介されていたのでした。

と志水さんが書かれているのですが、１９１０年10月９日のニューヨークタイムズの記事が、その後数ヶ月のうちにアメリカのあちこちで紹介されたのですが、どうやら日本にも１９１１年（明治44年）にＡＰ電などでケッチャムの記事が紹介されていたようです。そのことを『心霊の謎』の翻訳者が訳注でほんの数行ですが証言している記述があったということです。この本の訳者は共訳だったようですが、訳者の一人、忽滑谷快天（ぬかりやかいてん）は曹洞宗の僧侶で、駒澤大学の学長も務めた人だそうです。ケイシーがリーディングを初めてまだ10年ぐらいの時、日本の明治時代に既に紹介されていたとは驚きですね!!

●その後のケイシー啓蒙の流れについて

十菱麟さんは、奇蹟の人を出版した後もＡＲＥと連絡を取って、ケイシーの啓蒙に尽力しました。当時、ＡＲＥ日本支局長の肩書を持って活動していました。この頃の十菱さんと繋がりがあったのが、後に日本にエドガー・ケイシー療法を広める福田高規先生、そして今は瓜谷社長から、たま出版を引き継いだ韮澤潤一郎社長です。

十菱さんはスタディグループもされましたが、スタディグループは日本には根付かないと判断してやめてしまいました。

●東京スタディグループの流れ

十菱さんのスタディグループが東京第1スタディグループだとしたら、僕が聞いたところによると、東京第2は来日した外国人の婦人が始められたらしいです。1980年に神戸グループを作った、ハースさんのような外国人中心で英語で進められる会だったのではないかと思います。ケイシーの知名度も低く、日本人はなかなか参加しにくかったのではないかと推測されます。

そうして東京第3スタディグループは、養護学校で教諭を務める宮崎龍美氏が創られ、当時UFOやアダムスキー関連の翻訳を雑誌などに投稿していた、林陽氏を誘ったことでエドガー・ケイシー研究会が創設されました。1975年のことです。「エンティティ」という名称のエドガー・ケイシー専門誌を発行しています。僕の知るところでは、たま出版内にも一度スタディグループが出来ましたが、自然消滅してしまったようです。後、1990年頃、福田先生がリーディング健康会内にスタディグループを作り、そのグループではオブザーバーとして光田さんが参加して、神の探求の翻訳資料を参加者に配布していました。

瓜谷さんはインフォ社から出ている『窓は開かる』という本に感銘を受けて、この本を出版したいという思いで、たま出版を設立しました。『窓は開かる』を出版した後、編集長に就任した韮沢さんが『転生の秘密』と改題して出版しました。その後、「秘密シリーズ」としてケイシーの本が多く出版されていきます。

●京都大学はケイシー研究の先駆者

一方、関西では１９７４年に、京都大学でＵＦＯ超心理研究会を創設した浅井聡一さんが、ガリ刷り版機関誌にエドガー・ケイシーコーナーをスタートさせました。小野弘さん、白石義巳さんが当時は珍しいケイシーの原書を翻訳して、機関誌に掲載していました。また小野弘さんはかめの子出版から、独自にケイシー資料を翻訳してガリ刷り資料を出しています。

僕が初期の頃に一緒に研究していた藤本実さんも京大出身で、僕が会った時には既にＡＲＥに2回訪問を果たしている人物でした。その後の光田さんのことも考えると、京都大学はエドガー・ケイシー研究の先駆者が集まっていた貴重な大学であったといえるでしょう。

●東京第3スタディグループの啓蒙拡大

林陽さんは、たま出版から『瞑想の道標』を翻訳出版した後、ケイシーの本を大量に訳していきました。大陸書房から、中央アート出版から、その他、ケイシー以外の翻訳書を含めたら60冊を越える本を出版、翻訳作家の第1人者となりました。同時にエドガー・ケイシー研究会をＡＣＥ（キリスト意識啓蒙協会）として啓蒙を拡大、ケイシー研究の第一人者となりました。

●関西の動き（NESA、NOEC、SOLA）

林陽さんが東京第3スタディグループをACE（キリスト意識啓蒙協会）という名称にして啓蒙を拡大させたのを見て、藤本さんが「大阪、京都でも新しい名称を創りましょう」と筆者に持ちかけたので、二人の間で話し合いが持たれ、新たな名称が誕生しました。結局大阪と京都で名称は統一されませんでした。大阪の会はNOEC（エドガー・ケイシーの組織のためのネットワーク）と京都はNESA（日本エドガーケイシー研究協会）となりました。

ここで藤本さんがこだわったのが日本と書いて、ニッポンと呼ぶところです。よくオリンピックなどで日本チームを応援する時はニホンではなく、ニッポンと呼んで応援します。そして日本中が一丸となる光景はよく見かけます。なのでニホンではなくニッポンがいいのだというのです。なるほど、これはとてもいい考え方だと僕も思いました。もう一つ、藤本さんがNESAにこだわったのは御自身が別で活動されていたサークルの名称と同じにしたかったようです。藤本さんはケイシーとは別にNESA（寝屋川英語研究協会）というサークルを持っていました。

同じ頃、僕の古くからの友人で9歳年上の鹿島満（仮名）さんが熱心にエドガー・ケイシーの啓蒙に関わってきました。彼は1994年に僕が占星術を始めるきっかけとなりました。1996年には大阪でエドガー・ケイシー健康合宿という1泊2日のイベントの企画を持ってきて、僕を講師の一人として呼びたいというのです。僕は快諾してこのイベントは成功を収めます。ちょうど同じ日に2泊3日でケイシーセンター主催でも合宿が行われていました。

その後も彼は僕と交流を深め、ある時、自分の活動の会に名前をつけるため、候補を持ってきて、どれがいいか僕の意見を聞いてきました。彼の候補の中で「サーチ・オブ・ライフ・アソシエーション」というのがあり、僕はそれがとてもいいと推薦しました。しばらくして彼は自分の会の名称をリラックス・ハウスにすると僕に言ってきました。

彼は何事にもリラックスして取り組むことが大切だと考えており、この名前を選んだようです。僕は「それなら、サーチ・オブ・ライフ・アソシエーションという名前を僕に使わせてほしい」と彼に頼みました。彼の快諾を得て、僕はＮＯＥＣをＳＯＬＡに変更することにしました。今現在の僕の活動はＳＯＬＡ「生命（人生）探究協会」となっています。

ＳＯＬＡの名前を僕に与えてくださった鹿島満さんは２０１５年に他界しました。これまでの長きにわたる交流、そして御縁に深く感謝し、冥福をお祈りいたします。ありがとうございました。

●平成の世に誕生したケイシーセンターが啓蒙を拡大、躍進する

たま出版からケイシーの代表的な伝記『川がある』が出版されたのは１９８９年、ちょうど日本では平成の世が誕生したばかりでした。訳者は光田秀さん、たま出版はその後、平成４年にケイシーファンを集結させ、ＡＲＥツアーを敢行、これはほんとに素晴らしかったと思います。このツアーからケイシーセンターが生まれたと言ってもいいでしょう。

そしてセンター設立の年、１９９３年は奇しくもエドガー・ケイシーの全リーディングが１枚の

ＣＤＲＯＭにまとめられ、販売された年でもあります。まるでＣＤＲＯＭの完成を待ってケイシーセンターが出来たのではないかとも思えます。それまでＡＲＥのみに保管されていたリーディングが、誰もがパソコンで見れるような時代に突入しました。現在、リーディングの全訳を大きな目標のひとつとしてケイシーセンターが活動しています。

●テレビ、雑誌、映画に登場するエドガー・ケイシー

雑誌ムーが創刊されたのは１９７９年10月です。創刊当時はA4版で隔月刊発行の雑誌でした。その第３号に世界３大予言者の一人としてエドガー・ケイシーが紹介されました。その時の記事の題名が「眠れる予言者の肖像」でした。当時の影響を引きずって、この本の題名になってしまいました。

そして雑誌の体裁がB5版になり、隔月刊が月刊となりました。初めての月刊となった第14号で、エドガー・ケイシーの特集記事「奇跡の超人エドガー・ケイシー」が掲載されました。その後も『トワイライトゾーン』、『パワースペース』、『アネモネ』など、様々な雑誌にケイシーは特集されています。

テレビでは僕の知るかぎり、テレビ大阪がまだ出来上がったばかりの頃に、海外のドキュメンタリー映画が放送されました。１９８２年11月だったと思います。題名は「超能力―驚異の実験ドキュメントー」その中でケイシー役の俳優さんが、ケイシーを演じています。

1991年には、「ワンダーゾーン」で予言特集の時に、ケイシーが10分ほどで紹介されました。「知ってるつもり」でケイシーが放送されたのは1997年3月です。白鳥監督の映画は2018年2月、「知ってるつもり」から約20年経過しています。

●僕の研究会でのこれまでの流れ

最後に僕のこれまでの研究会での流れを簡単に紹介します。僕がケイシーに関心を持って研究を始めたのは1977年、この年はケイシー生誕100年でした。大阪スタディグループは1981年8月創設ですが、初代代表は藤本さんでした。

スタディグループを始めた初期の頃、たま出版に僕の電話番号を聞いたという方が何人か電話をかけてきました。その中の一人はケイシーを深めるのに原書で何を読めばいいのか聞いてきました。僕は英語力がないため、ケイシーの原書は何一つ読んでいません。なのでその方にそのように説明しました。

「ケイシーに詳しいと聞いて電話したのに英語もできないんですか？　それじゃどうやってケイシーを研究するんですか？　たま出版もとんだ人を紹介してくれたもんですね」

「すみません。お役に立てなくて……」

電話を切って僕は「瓜谷社長は英語力もない僕を何故紹介したんだ。藤本さんを紹介すればいいのに……」と辛い思いをしました。でも今思えば、瓜谷社長は僕にケイシー研究家としての大きな期待をかけてくれていたんだと思います。

他にも電話してくださった方がいました。

「側崎（仮名）といいます。ケイシーに詳しいと聞いてお電話しました。虎の巻が読みたいんですけど、持ってないですか？どうしたら手に入りますか？」

虎の巻とは超人ケイシーの秘密の中でケイシーファンが使っている本のことです。ケイシーの実用百科事典のような本、実はブラックブック、つまり直訳すれば黒い本ですが、それを訳者が虎の巻と見事な意訳をしているのです。それについては林さんから説明を聞いていて、僕もすでに一冊所有していました。正式名称はIRF（インディヴィデュアル・リファレンス・ファイル）といって、ケイシーの神の探求と並ぶほどの重要文献ですが、訳されていません。その旨を側崎さんに説明すると、「訳されてないなら、自分も英語力がないので読めないですね。残念です」と言われていました。

数年後、未来創造倶楽部のホロトロワークに参加した時、一人の男性が挨拶してきました。「側崎です。前に一度お電話したことがあるんですが、覚えておられますか……」

側崎さんとはその後、彼が他界するまで20年近い交流がありました。彼はこの後の僕の文章にも多く登場します。僕の人生に大きな影響を与えた人物です。

スタディグループは1987年1月の後、年末まではお休みにしました。この年、友人でスタディグループメンバーでもあった金子くんと一緒にイベントを開催するため、その準備で忙しくなった為です。

アクエリアン・フェスティバルで僕はケイシーの有名なリーディングを標語にしました。「世界は一つの世界としての共通理想を失っている。人類は同じ思想を持つことはないだろう。しかし全人類は同一の理想を抱きうる」

つまり、思想でバラバラだった精神世界のサークルを、理想でまとめようとしたわけです。8月2日に第1回のイベントが終わった後、スタディグループを再開するのに、少しインパクトがほしいと思った僕は、10月から月1回3ヶ月のケイシーセミナーを企画しました。イベント名「エドガー・ケイシーセミナー87」として、10月は僕の講演会、11月は福田先生、そして12月の最後には林陽さんを大阪に呼んで講演会をしました。会場は大阪梅田に近い中崎町で当時有名な、健康と喜びの学園「パラディテレステ」でした。

そして翌年始めからスタディグループを再開したのですが、毎月規則正しく開催することが出来ず、無理はせず、休み休み行うようになって今日に至っています。

ある時期、印刷会社の業務があまりにも忙しすぎた時は、藤本さんが代わりに会を開いてくれました。そんな時、遅刻して会に参加すると藤本さんから「魚田さん、代表が遅刻ですか。もっと自分の立場を自覚してください」と厳しいお叱りを受けましたが、あの時期はほとんど毎日のように徹夜に近い仕事をこなしていたので、あれが精一杯の対応でした。それでも僕が忙しい時期に、助けてくださった藤本さんには、深く感謝しています。

上記で紹介した鹿島さんは、日本にヨガを広めた草分けの一人、沖正弘導師の直弟子で独自にヴォイス・ヨガを創始した木村周平先生と、その沖ヨガ系グループTLD（トータル・ライフ・デザイン）を僕に紹介してくれました。ある時期にはTLDの管理するフリースペースがケイシースタディグループの会場となりました。僕はTLDのスタッフとしても活動し、その機関誌「和氣愛会」に長年にわたって文章を投稿しました。この本にも和氣愛会からの転載記事がいくつか紹介されています。

2年前の2021年8月に40周年を迎え、10月のケイシーセンター総会の後に、ささやかな40周年記念講演会をさせていただきましたが、無理をせず、休み休み続けていたので、休んだ月を外すとおそらく10年ぐらいは減ってしまうのではないかと思います。今現在は大阪で二つのスタディグループ、奈良の天理でエドガー・ケイシーの会を開催しています。後、お希望の方にはエドガー・ケイシー流の占星術セラピーを実施しています。興味、関心があり、参加してみたい、セラピーを受けてみたいという方はぜひともお問い合わせください。

エドガー・ケイシーの生涯が示す人類の道標

●エドガー・ケイシーの生涯が示すもの

エドガー・ケイシーは、彼の生涯をかけて、14306件、総ページ5万にも及ぶ、それまでの人類の歴史上未だかつてない驚異的な透視記録（リーディング）を残してくれました。それが素晴らしい霊的遺産であることは誰の目にも明らかです。

しかしそれだけではありません。私たちは彼の生涯に触れた時、それを受け入れるか、拒絶するかの選択を迫られるのです。エドガー・ケイシーの生涯が私達に示すメッセージはまさに広大無辺な世界観です。人間は、ちっぽけな肉体に閉じ込められた物質的な存在などでは決してありません。永遠不滅の霊的存在として、大いなる叡智を内に秘め、宇宙いっぱいにも広がりうる神の共同創造者、いわば記憶喪失の神なのです。今こそ記憶を取り戻す時です。神よりいでし者は神に帰る。万人がその真実を悟るべき時期が到来しているのです。

人間が内なる宇宙に目覚めていくアクエリアスの時代がいよいよ始まらんとしている今、その時代に先んじて、エドガー・ケイシーが人類に指し示した霊的世界観。パイオニアとしてのエドガー・ケイシーの価値は今後ますます高まっていくことになるでしょう。

第Ⅱ部　エドガー・ケイシーに魅せられた求道者の日常

第5章　エドガー・ケイシーと共に歩んだ日々

超常現象の探求

筆者にとってエドガー・ケイシーとは何だったのか。改めて考えてみてもその存在の大きさ、そしてその恩恵は計り知ることが出来ません。実際、エドガー・ケイシーと出会っていない人生など今では考えることも出来ない程です。

筆者は幼少の頃から霊的な世界を自然と受け入れるような家庭環境に育ちました。それは母が霊的体験の豊富ないわゆる霊能者のような人だったからです。母の霊的体験については後の章で詳しく語ることにしましょう。小学生の頃の筆者は江戸川乱歩の推理小説やSF小説ばかり読んでいる本好きな少年でした。

小学校も高学年になると、木曜スペシャルで空飛ぶ円盤や宇宙人、ネッシー、雪男などの特集番組が組まれ、いっぺんに惹きつけられてしまいました。中学生の頃、つのだじろうの「後ろの百太郎」という漫画に夢中になり、心霊現象や超能力の本を購入し、厚紙でESPカードを作って実験をはじめるなど、その世界にはまりこんで行きました。

その初期の頃、買った本の中にエドガー・ケイシーが代表的な超能力者の一人として紹介されていました。特に興味を引いたのは木スペのディレクターだった矢追純一さんが書いた「この目で見た超能力」という本でした。エドガー・ケイシーによって作られた謎の治療器、インピーダンス装置について書かれていました。

『奇蹟の人』との出会い

１９７７年の初頭、超能力者の自伝や伝記を中心に読書を進めていた筆者はその過程で人生を大きく変える一冊に出会うことになります。『奇蹟の人―エドガー・ケイシーの生涯―』（Ｊ・ミラード、十菱麟訳、霞ヶ関書房）です。その緑とこげ茶色の表紙を持つ地味な書物の中にはエドガー・ケイシーの素朴な生涯が描かれていました。

彼がいつも不安と疑念にさらされ、普通の人でありたいと願い続けながらも、運命の荒波に翻弄され、霊能者として生きなければならなかった生涯、苦悩しながらも誠実に人を助け、奉仕に生きようとした彼の姿。よみはじめてすぐにエドガー・ケイシーに魅了されてしまった筆者は、いつしか彼と共に泣き、笑い、まるで自分の人生であるかのように感情移入していきました。無我夢中でその書物を読み終えたとき、魂の奥深くにある琴線が揺り動かされ、筆者の人生に未だかつてない大きな衝撃となって響き渡ったのです。

このような清廉潔癖な人が、そして神秘に満ちた生涯があったのか。しかもそれが20世紀の出来事であったことが、筆者にとってよりいっそう身近に感じられました。その体験は新鮮な感動となりエドガー・ケイシーのことをもっとよく知りたいと思うようになりました。当時、ケイシーについての書籍はこの本以外にはたま出版から数冊の本が秘密シリーズとして出ているだけで、それだけでは筆者の知識欲を満足させることは到底出来ませんでした。ちょうどその頃、筆者は人生の深い意味と真理を開示される、いわゆる神秘体験をすることになるのですが、この話題も後の章に譲ることにいたしましょう。

エドガー・ケイシー研究会との出会い

そして、8月10日に大阪の池田市で開催された超常現象資料展示会で『エンティティ』という手書きガリ刷りの機関誌を発見し、驚喜します。発行は東京にあるエドガー・ケイシー研究会、海外名称ARE（ケイシー財団）公認スタディグループ東京№3となっていました。

そこで見つけたのは第5号で、表紙を飾っていたのはケイシーの微笑みかけるあの写真で、中を開いてみると、「ケイシー生誕100年」という記事と共に『神の探求』瞑想の章のはじめの祈りについての部分が訳されて掲載されていました。

「ああ～そうか。ケイシーが生まれてちょうど今年は100年なのか‼」と、一瞬、妙な感動を覚えた記憶があります。そして「瞑想っていったいなんだろう？　この春の体験と関係があるのかなぁ？」と思ってしまいました。

瞑想という言葉を知ったのも「神の探求」の一部に触れたのも、これが最初でした。

資料展示会では、他に、京大UFO超心理研究会の機関紙『宇宙波動』と、かめのこ出版という資料、そしてヒマラヤ聖者研究会の機関誌『聖者』を見つけました。『宇宙波動』の中にはケイシーシリーズと銘打って、小野弘さん他数名でケイシーの海外文献が紹介されていました。かめのこ出版も同じくケイシーを扱っていました。『聖者』にも『神の探求』の一部が訳されていました。

エドガー・ケイシー研究会は、東京の宮崎龍美さんと千葉の林陽さんの二人が中心となって運営されていました。筆者はさっそく連絡をとり会員になりました。最初の宮崎氏からの手紙には「あなたのように若い方がケイシーをしたいとは珍しいですね。ケイシーは誰にとっても瞑想はいいと言っていますから瞑想をされることをお薦めします」と書かれていました。機関誌ではすでに膨大なケイシーの海外文献を抜粋し、翻訳紹介していました。その内容は筆者を充分に満足させて余りあるものでした。

林陽さんとの約束

１９８０年2月、当時ＡＲＥの国際部長であったセクリスト夫妻が来日、その夢解釈のセミナーに参加した筆者は、懇親会の席上でケイシー研究会のお二人に初めて会い、交友を深めることが出来ました。

その後、林陽さんの自宅を訪問し、ケイシーのことをもっと教えてほしいとお願いしたことでお互いの情熱がぶつかり合い、夜を徹しての語り合いとなりました。林さんは日本中にケイシーのスタディグループを作りたいと御自身の夢を語り、筆者もその実現に努力することを誓いました。その約束は今も筆者の内に脈々と息づいています。

その後、学生であった筆者は春、夏、冬と大きな休みになるたびに上京し、林さんを訪問、それは社会人になってからも続きました。林さんからは「魚田君、しかし飽きもせずによく来るねえ～」と言われながらも「ケイシーのことを学ぶにはここが一番なんです。」と言い、通いつづけました。英語力のない筆者は、林さんからケイシーの原書に書いている内容の多くを教わりました。

筆者もスポンジに水を吸収するように、その知識を深めていったのです。筆者にとってこの林陽さんと共に過ごした日々はかけがえのない財産です。林さんには感謝しても仕切れない恩義を感じています。「日本中にスタディグループを作りたい」が筆者の大きな夢です。

大阪エドガー・ケイシー研究会の沿革

一方、関西でも新たなる胎動が始まっていました。1980年暮、カナダ人のケイシー研究家、ディック・M・A・ハースさんが神戸にやってきて、関西ではじめてのスタディグループを創設したのです。その知らせを聞いた藤本実さんは早速、ハースさん主宰の神戸スタディグループに参加しました。

それは外国人ばかりで構成され、英語で進められる会でした。「これではケイシーに興味のある日本人は参加することもできない」と考えた藤本さんは、「日本人も参加できるスタディグループを大阪に作ろう」と考え、１９８１年2月、ハースさんと共に当時の関西たま懇談会（どんぐりの会）などに参加して同士に呼びかけたのです。その情報をある会合で聞きつけた筆者は、早速藤本さんに連絡をとり、４月のどんぐりの会で会って話を進めることになりました。

藤本さんはその当時すでにＡＲＥ（ケイシー財団）への訪問歴があり、英語力も優れた人物でした。話し合いの結果、大阪での記念すべき第1回の会合は8月1日に開くことになり、ハース氏にはオブザーバーとして参加してもらうこと、筆者が会場探しを依頼されました。会場は大阪市立西区民センターに決定し、大阪エドガー・ケイシー研究会はこうして誕生したのです。

はじめの内は大阪と京都で月1回交互に開催していました。その年の暮れ、藤本さんの自宅を訪問した際、藤本さんから「ミスター魚田、来年からはあなたが大阪の代表ですよ‼」と言われ、筆者は驚きました。それまでスタディグループの代表になるなんて一瞬でも考えたことがなかったからです。

魚田「そんな‼　僕が代表になれるわけがないじゃないですか。だいいち英語力もないし、まだまだハースさんや藤本さんに、ケイシーのことを教えてもらわなくっちゃ……」

藤本「私は来年京都に転居するので、京都の代表をします。それにハースさんは来年帰国するかもしれません。いつまでもハースさんに頼るわけにはいかないでしょう。大丈夫ですよ魚田さん、あなた程の情熱があれば、きっとうまくやっていけますよ‼」

筆者は先行きに不安を感じながらも、しぶしぶ代表を引き受けることになりました。もっとケイシーの事を知りたい、学びたいと思っていた者が、いきなり代表として啓蒙しなければならないなんて……。筆者は大きな戸惑いを感じていました。翌年には藤本氏の尽力でAREの認可を受けることができました。

神戸スタディグループに参加して

ディック・ハースさん主宰の神戸スタディグループは、毎週日曜日の夜、三宮で開催されていました。当時筆者は学生でしたが、何度かスタディグループに参加したことがあります。ハースさんが夢解釈の専門家であったこともあり、会の後半ではメンバーの見た夢のディスカッションと解釈が必ず盛り込まれていました。どちらかというと神の探求のディスカッション以上に夢解釈に重点がおかれているようでした。

英語力のない筆者は、みんなの話していることがほとんどわかりません。メンバーの中で日本語に堪能なマイクさんが時々、ハースさんの通訳になったり、話の内容伝達や質問にも答えてくれました。筆者はこのグループに参加するたびに、夢を持っていってハース氏に教わりました。一度はどうしてもわからない大学の友人の見た夢を解釈してもらいに、友人と参加したこともありました。

瞑想の後に、決まっていつも、メンバーみんなで輪になります。左手のひらを上にして左側に出し、左側にいる人は、その上に右手の甲を上にしておきます。こうして右手のひらから白い光が右側にいる人の左手に流れるようにイメージするそうです。

これをエネルギーの交流といって、ハースさんのグループでは毎回必ず行われていました。その際メンバーが全員、英語で何かをつぶやいていました。「皆さんは何を言われているのですか？祈りか何かを唱えているのですか？」と聞くとハース氏が、「これは聖書の詩篇23章を唱えているんだよ。ケイシーによると、この章は瞑想の章だと言われているんだ。海外のスタディグループではこれを読誦するのは定番なんだよ」と教えてくれました。

詩篇23章についてはエルセ・セクリスト夫人の名著『瞑想の道標』（林陽訳、たま出版）の「第6章─瞑想の報い─」の中でも解説されています。筆者も大好きな章ですが、このことについて知ったのはこれが最初でした。

東京スタディグループの体験

林陽さんが主宰の東京#３スタディグループにも上京の際、何度か参加したことがあります。筆者が参加したときは『神の探求』「第5課─徳と理解─」に取り組んでいました。林さんのグループの特徴はなんと言っても祈りのグループにありました。ハースさんのグループがドリームスタディグループだとすれば、林さんはプレヤースタディグループといえるでしょう。

ハースさんのグループと同じように瞑想の後に手をつなぎ、輪になるのですが、林さんのリードで順番に全員が祈っていきます。メンバーの家族や知り合いで最近亡くなった人がいると、まずその人の冥福を祈って光を送ります。そして次は病気の人が癒されるようにキリストの御名によって祈り、光を送るのです。筆者の知る限り、この祈りのグループはその全盛期に多くの奇跡をもたらしました。（ここでは具体的な実例の紹介は割愛します）

それは「2人でも3人でも私の名の基に集うとき、私はその中にいる」と言われたキリストの言葉や「大勢の祈りは個人の祈りという多くの糸でなわれた一本の強い縄のようになり、こうしてその力を強める……」というケイシーリーディングを証するかのようです。そのような奇跡が起きるたびに、メンバーは勇気付けられ、結束も深まります。なんと素晴らしいことでしょう。

大阪と京都のスタディグループの初期の活動

大阪や京都の活動は、最初の数年間は、エドガー・ケイシーを中心としながらも、集まったメンバーが、それぞれ関心のある話題を、自由に話し合う懇親会、あるいは藤本実さんの語る、インドの聖者や予言についての講演会という内容で、スタディグループ本来の目的である神の探求に取り組むことはありませんでした。神の探求の原書はあっても、日本語に訳された資料がないことが影響していました。僕は上京の際、このことを林陽さんに相談しました。

林　「う〜む、せっかくスタディグループをやってるのに、単なる懇親会に終わってしまっているのかぁ……。もったいないねぇ〜。僕の研究会で訳した資料をあげるからさ、それを使ってやってみなよ」

魚田「林さん、ありがとうございます。いただいた翻訳資料でやってみます。また大阪での状況を報告しますので、色々と相談に乗ってください」

……ということで大阪では、林陽さんの援助もあって、ようやく数年がかりで、神の探求にとりくむことができました。

初めて神の探求の輪読とディスカッションに取り組んだ時、メンバーの意見、感想に筆者は大きな衝撃を受けました。「第1課の〝協力〟に書かれていることは、所詮実行することができない理想論に過ぎないのではないか」という意見が、複数のメンバーから出されたのです。

最初の取っ掛かりでこのような意見が出るとは、なんと前途多難な船出なのでしょう。僕は気が遠くなる思いでした。しかし理想論で終わってしまえば何も始まりません。少しづつでもいいからチャレンジしていくことこそが大切なのです。

懇親会で終わっていれば、どれだけ楽でしょう。神の探求になかなか取り組むことができなかったのには、やはりそれなりの理由があったのでしょう。みな安易な道を進みたがります。決して茨の道には進みたくないものです。メンバーは忍耐を持って一歩一歩進んでいく強い決意が必要なのです。

スタディグループの障害

エドガー・ケイシーは宗教ではありません。でもケイシーに関わる活動の中で、スタディグループほど宗教的な印象を与えるものはないでしょう。はたから見ているとキリスト教の一派の聖書研究会のようです。

キリスト教にもカトリック、プロテスタントはじめ、それぞれの聖書解釈の違いによって様々な宗派が存在します。神の探求編集のために集まったノーフォークグループのメンバーは、それぞれが別々のキリスト教教派の信徒だったと言われています。そうしたメンバーによって編集された神の探求は、諸教会の垣根を越えて完成された類まれなるテキストだといえるでしょう。

スタディグループを行う上で今までに最大の障害となったのは、明らかに日本とアメリカの文化の違いです。アメリカはキリスト教文明圏で、ほとんどの人々は毎週日曜学校に通い、礼拝や聖書研究会に参加するなど、もともとスタディグループの育ちやすい文化的土壌の上に立っています。

スタディグループも教会の聖書研究会のような感覚で毎週抵抗なく、おこなうことができます。

余談ですが、筆者は聖書研究会がどのようにおこなわれているか知りたいと思い、モルモン教やカトリックの一派、それと再臨派と呼ばれるＳＤＡ（セブンズディアドベンチスト）の研究会に参加していたことがあります。

特にＳＤＡでは牧師さんとも親しくなり、聖書の預言について、いろいろとお伺いすることができました。ＳＤＡの預言者、エレン・Ｇ・ホワイト夫人の霊感に満ちた著作はとても素晴らしいと思います。筆者は聖書研究会の最中に生まれ変わりのことを口にしてしまい、その場の和やかな雰囲気をいっぺんに潰してしまうという、大失敗も経験しています。

これに対して日本は仏教国、あるいは神道の国といえるでしょう。エドガー・ケイシーを通してきた真理はキリスト教の範疇を超えた普遍的なものでした。しかしそれはエドガー・ケイシーという一人の敬虔なクリスチャンの潜在意識を通して働きかけたため、キリスト教的色彩を色濃く反映したものとなったのです。

そのため、日本人の中には、そのキリスト教的色彩だけでもついていけない人が数多く存在します。そんな人々はスタディグループの最中でも、ケイシーの言葉を仏教的、神道的に解釈しなおして表現しようとします。もちろんこれは不可能なことではありません。

例えば、ケイシーの第１課のアファメーション（＝自己宣言）は要約すれば「御意（みこころ）がおこなわれますように」という祈りですが、神道の祝詞にある「神ながらたまちはえませ」と同じ意味ですし、ケイシーの働きを仏教的に捉えると、フィジカル・リーディングには薬師如来が、ライフ・リーディングやその他のリーディングには虚空蔵菩薩の働きがあるとはよく言われることです。黒住教の教祖、黒住宗忠の言葉にもケイシーに共通するものが多く見られます。

これらは興味の尽きない話題ではありますが、ディスカッションの最中にこれをはじめてしまうと、いつのまにかケイシーの情報から離れ、大きく脱線してしまうことが多いのです。これではスタディグループの本来の目的であるお互いの魂の啓発と成長はスタートラインにすら立つことができないでしょう。

従って、スタディグループの時間はケイシーの情報に敬意を払い、その情報のみに集中する必要があります。他の宗教思想や哲学と比較検討する時間は、ディスカッションと別に設け、分けて行うようにすべきでしょう。

神の探求はとても抽象的です。その内容は読んでいるだけでは物足りなさを感じる人が多いでしょう。そこから感じ取ったことを自ら実践し、体験することによって、より具体的になっていくのです。従って読んでいるだけで実践が伴わない場合は、グループはすぐに行き詰まってしまうでしょう。

ですから、ディスカッションの最後には必ず、各メンバーが次回までに実践してみることを宣言し、次回にはその結果と気付きを報告するようにします。そうすることによってグループがいつも新鮮な気持ちで課題に取り組むことができるでしょう。

グループのメンバーの中には話をするのが好きな人と、いつも聞き役に回る人がいます。しかし一人の人が一方的に話し、他の人が聞いているだけではお互いの啓発になりません。進行役としてのリーダーは、参加者が均等に発言できるように配慮することが大切です。

その際、誰が正しくて、誰が間違っているということはありません。参加者がテキストを通して感じ取ることは、それぞれの人生で培われてきた経験と思考によって違ってきます。参加者全員がお互いの観点や思考を理解し共感するように努めることで、グループ全体の啓発は早められるでしょう。

最後に神の探求で最も大切なことは、必ず瞑想の時間をグループの終わりに持つことです。ケイシーも「議論からはほとんど何も得られない、精神的態度と祈りからは多くを得る……」とリーディングで語っているように、ディスカッションの後のグループ瞑想による沈黙の時間は重要です。

筆者のスタディグループでも、前述の理由などで、話題が大きく脱線してしまった時は、コントロール不可能で、瞑想の時間が持てなくなってしまったことは、少なからずありますが、単なるおしゃべりに終始してしまっては何にもなりません。大きく脱線してしまったときでさえも、瞑想の時間を持つと、最後は有益なひと時になることもあります。

神の探求は第1巻の最初と第2巻の最後に同じ瞑想の章が載っています。これはエドガー・ケイシーが瞑想を最も重視していたことを暗示しています。次に筆者の瞑想修行とその体験についてお話します。

ケイシー流の瞑想法について

前述の宮崎氏の手紙からも、また、瞑想についてその言葉すら知らなかった頃の神秘体験からも、筆者が瞑想に興味をもったのは当然の成り行きでした。筆者の学生時代、住居から私鉄で2駅ほどいったところに、本山博先生の主宰する国際宗教超心理学会の大阪道場がありました。毎週金曜日の夜に、簡単なヨガの準備運動と40分の瞑想をおこなう「ヨガと瞑想の会」があり、筆者は毎週それに参加して瞑想をしていました。そこではクンダリニーヨガの瞑想法を教えてくれましたが、筆者は瞑想の時間には一人でケイシー流の瞑想をしていました。

ゆっくりと首廻し運動をした後、瞑想の章にかかれている浄化の呼吸法をおこないます。そしてリーディングにある守護の祈りを唱えて瞑想に入ります。アファメーションは第1課の祈りと時々は第4課の祈り、ケイシー流の主の祈りを使うこともあります。

しばらくすると額に涼やかな感覚がしてきて、瞑想の章の経験例に書いてあるのと同じような体験をするのに時間はかかりませんでした。しかし、かつての至高体験のような意識とは、全く違うように感じました。瞑想を終えるときにはいつも癒しの祈りをおこないます。週1回道場でおこなう瞑想では物足りなくなって、筆者は自宅でも毎日、朝6時に起きて瞑想するようになりました。

自宅でおこなう瞑想時間は20分にしましたが、その習慣は半年以上続けた後、結局やめてしまったのです。筆者は特別な体験を求めていたのかもしれません。至高体験があまりにも衝撃的だったこともあり、日々の瞑想がマンネリ化してしまっているように感じました。

後にケイシーと違った瞑想のワークショップに何度も参加した時は、興味深い霊的なビジョンをたくさんみたこともあります（この内容は今回割愛します）。日々の瞑想をやめてしまった時、瞑想の道標を読むと「あなたはいまだに肉の中にいるのである」という厳しいリーディングが載っていて、自分にいわれているかのように感じました。その後は気が向いたときにしか瞑想しないようになってしまい、今に至っています。

スタディグループを主宰していると瞑想について、聞かれたり、ケイシー流の瞑想を教え、指導しなければならないことはよくあります。でも瞑想の指導はとても難しいものです。今までにほとんど、あるいは一度も瞑想したことがないという初心者に、ケイシーの瞑想の精神や方法を教え、瞑想を始めるお手伝いをするのは簡単ですが、瞑想が進み、内的体験が深まってきた時、筆者が指導するということは、盲人が盲人を導くことになってしまいかねないと思います。

では、何を拠りどころにすればいいのでしょうか？

筆者の体験の中で、「最高に瞑想が深まっている」と感じることが何度かありました。それはつい最近も一度あったことですが、強い内的衝動に突き動かされたように、瞑想しなければならないと感じたときです。

ケイシーリーディングによると、瞑想に最も適した時間は夜中の２時だといわれています。でも夜中までずっと起きていて瞑想してはいけない。一度寝て、２時に目覚めたときに瞑想にとって最高の時間になるというのです。筆者の体験はこのリーディングとも関係しています。

筆者は普段のほとんどの日は夜遅くまで起きているのですが、時々、別に意識しているわけではないのですが、早く眠ってしまうことがあります。しばしば、2時過ぎに目が覚め、強い内的衝動で瞑想しなければならないと感じることがあります。

内的衝動を無視して寝てしまったこともあるのですが、一旦「瞑想しよう」という意志を働かせて床を立ち、瞑想ルームへいくと、その時は最高の瞑想の時間になります。まるで主が自分自身に「瞑想しなさい」と語りかけてきているような臨在感が、瞑想の間中絶えることがありません。いつものように雑念はでてくるのですが、なぜか全く気にならないのです。

ケイシーリーディングには、正しく瞑想できているか不安に思う人の問いかけがあります。リーディングは「主において、すべてが正しく行われていると信じよ」と答えています。そしてこれこそが、ケイシーリーディングに基づく瞑想の極意ではないでしょうか。

ヨガの瞑想やその他の瞑想では、夜遅くの瞑想は薦められていません。むしろその時間は、魑魅魍魎が跋扈する時間であり、その影響があるから危険であり、避けなさいと教えられています。

ケイシーは、「瞑想は最も安全である」と言っています。たしかに神の臨在を実感し、神と語り合う時間が瞑想であるならば、神が正しく瞑想させていると信じるならば、これほど安全なものはないでしょう。誰もが、常にこのような思いで瞑想できれば、どんなにすばらしいことでしょうか。

●意識の進化と瞑想

エドガー・ケイシーは、「人類は誰もが進化の過程で瞑想を学ばなければならない」と語っています。瞑想は静かに考えることではありません。静かに聴き入ることです。内から発せられる静かで小さな声に耳を澄ます時、人は内なる神の声を聴くことができます。その時、自我は捨て去られねばなりません。

聖書のアダムとイブの寓話にあるのは、知恵の木の実を食べて自我に目覚めた人類の物語です。自我に目覚めた人類は、自らが神の子であることを忘れてしまいました。人は記憶喪失の神なのです。

自らが神であったことを思い出すためには、神によって隠された生命の木の実を食べなければなりません。静かで小さな神の声は、いつでもあなたに語りかけています。でも大きくて騒がしい自我の声に欠き消されていて、私たちはなかなか聴くことができません。内なる神の声に気づくことであなたは生命の木の実を食べて、自らが神であったことを思い出すのです。それこそが瞑想なのです。

瞑想はあなたにとって遠い存在であった神を身近な存在へと変えてくれます。神は初めからあなたの右手よりも近くにいたのですが、瞑想が深まるにつれて、あなたは初めてその事に気づくのです。

井村宏次さんから受けたカルチャーショック

筆者は中学、高校、大学でも、学内に「ＵＦＯ超常現象研究会」というサークルを作って同好者を募り、研究や実験を重ねていました。そんな中、大学時代に超心理研究家、井村宏次さんとの衝撃的な出会いがあったのです。

大阪は天下茶屋にある生体エネルギー研究所は、キルリアン写真やオーラの研究で世界にその名が知られた井村さんの研究所です。筆者は講演会でお会いした時、大学でＵ超研サークルをやっていることを知らせると、研究所への招待を受けたのでした。

井村さんは当時、この分野に興味のある学生たちを集めて、実験を手伝わせていました。筆者は大学のサークル仲間数名を連れて訪問しました。筆者の研究の始まりは中学時代のＥＳＰカード実験からでしたが、いつしか研究家が書いた本を読むことがメインになっていました。そんな筆者の傾向を井村さんは厳しく批判しました。

井村「魚田くん、本に書いてることなんて嘘ばっかりですよ。信じたらダメですよ。ホントかどうかはひとつひとつ実験して確かめてください」

生体エネルギー研究所で行われている超心理実験、サイキック現象を検出する緊張感あふれる現場に接した筆者は、カルチャーショックともいえるほどの大きな衝撃を受けました。これまで構築していた硬いレンガの世界観、人生観は、実は錯覚で、本当は風が吹くと、すぐに吹き飛んでしまう藁(わら)でできた不確かなものだったことに気付かされました。

その頃の筆者は基盤がガラガラと音を立てて崩されていく悪夢を何度も見ました。筆者はその後、井村さんの研究所に繰り返し訪問し、そこで行われている実験を見学、そのお手伝いをするなどして研鑽を深めていきました。

大学卒業前にサークルで２泊３日の合宿を実施、その中でアルタード・ステーツの実験で有名なチャールズ・オナートン博士が考案した、ガンツフェルト実験を行いました。ガンツフェルト実験とは、ピンポン玉やホワイトノイズ、ヘッドライトなどを使用して感覚を遮断して、サイキックが発現しやすい状態（変性意識）に被験者を誘導して透視やテレパシーなどの実験を行う方法です。合宿前に井村さんの研究所を訪問し、実験について色々と教えていただきました。そして最後に最も大切なことを伝えるからよく聞くようにと言われました。

「魚田くん、実験するときは被験者を人間と思ってはダメですよ。サイキックを検出する機械だと思いなさい。それぐらいの強い気持ちで臨まないとサイの検出なんて出来ませんよ。これ大事です。それで実験を離れたときは家族以上の深いつながりを持つ仲間として、どんなことでも話し合える関係を築くことです。これが超心理実験を行うときの大切な精神ですよ」というアドバイスをいただきました。

合宿では昼は、超心理学やユーフォロジー、宇宙考古学などの講義をしました。夜はガンツフェルト実験以外にUFO観測会も行いました。UFOは出てきませんでしたが、メンバーで共に夜空の星々を眺め、宇宙の広大さを感じる素晴らしいひとときとなりました。

この実験を通して筆者が感じたのは、「誰もが、無意識の領域ではサイキック能力を使っていること」、「サイキックと呼ばれる人たちは、無意識の領域にある情報をインスピレーションなどを通して意識化することができる人々だということ」です（ガンツフェルト実験の詳細は、今回割愛します）。

学生時代にUFO超常現象研究会を主宰し、実験や研究を重ねてきたこと、そして真実を探求するために大切な精神を井村さんから教わったこと。これらはすべて筆者にとって大切な経験となり、40年以上を経過した今もこの胸の内に脈々と息づいています。

僕に大切なことを教えてくださった超心理学の師匠、井村宏次さんは2014年2月に他界されました。しかし僕は、井村さんから教わった精神を胸に、これからも生き続けていく覚悟です。

たま出版の瓜谷社長、金子浩一くんとの出会い

筆者が高校3年生の頃、第1回関西たま懇談会があり、たま出版の瓜谷社長が関西にやってきました。たま出版は当時、出版業界に精神世界という新しいジャンルを確立するため、各地の有名書

店で「精神世界フェアー」を展開するなどで注目された出版社でした。エドガー・ケイシーの秘密シリーズもたま出版から出ていました。

筆者は懇談会の席上でエドガー・ケイシーが大好きだと語ったことで、瓜谷社長から声をかけられました。「君、まだ高校生なのかい？　若いのにエドガー・ケイシーに興味があるとは関心だねぇ」と言って、その後も筆者をとても可愛がってくれました。

たま懇談会は半年に1回ほどの頻度で開催され、筆者は長年の間、毎回参加していました。印刷会社に勤めて数年経った頃、１９８５年5月に参加した時、瓜谷社長に精神世界のレポートを渡している青年に出会いました。レポートは、当時は珍しいワープロで仕上げられていました。会の後に、瓜谷社長からその青年を紹介されました。

彼は長崎県出身で奈良在住の金子浩一君くんで、シャープに勤めていて、ワープロの企画の仕事をしていました。「なるほど、それでレポートはワープロなのか」と納得しました。金子くんと筆者とは学年が同じ同級生でした。

瓜谷社長は筆者と金子くんの二人に「君たち、若いんだから2人で組んで精神世界のイベントでもやってみてはどうかね」と言われていました。この言葉は奇しくも2年後に実現することになるのです。筆者と金子くんの2人が主宰で、精神世界のサークルが年に一日だけ一堂に集う画期的な祭典「アクエリアン・フェスティバル」が、１９８７年8月に、日本で始めて開催されたのです。

アクエリアン・フェスティバルは、この世界と見えない世界との間にある壁を取り除き、新しい風を精神世界に吹き入れる端緒となりました。

この後、しばらくしてからスピコンやスピマなどのイベントが隆盛する時代を迎えるのです。筆者もアクエリアン・フェスティバルから、多くの経験と学びをさせていただきました。この本ではアクエリアンフェスティバルの話題は紙数の関係もあるので割愛いたします。

金子くんは自由精神開拓団という、若者中心のサークルの関西支部長でもありました。筆者と彼はお互いが主宰する会に参加し合ったり、一緒に他のイベントに参加するなどして、お互いの交流を深めていきました。年末年始に上京していた筆者は、彼の紹介で、１９８６年に自由精神開拓団の新年会に参加して、そこで初めてＵＦＯを目撃することになりました。１９８６年7月には和田高幸さんが主宰するＵＦＯ観測会に二人で参加しました。その当時、筆者が副編集委員長を務める印刷会社の社内報にＵＦＯについて次のような記事を書きました。

1986年、初めてのUFO目撃

僕がはじめて目撃したＵＦＯは、まるで新年の挨拶をしにやってきたように、その年（１９８６年）の元旦に出て来ました。当時、年末年始に上京していた僕は、大阪の友人の紹介で、自由精神開拓団というグループの新年会に参加しました。

会場は静岡県藤枝市で、会の実質的なリーダーで最高顧問、秋山真人氏の家の近くにある会館でした。参加メンバーのほとんどが10代後半から20代前半の若者で、その当時すでに26歳だった僕はメンバーの中では年長者組になる歳でした。

集合場所についた僕は、若い連中が明るく騒いでいる場面に少し場違いな空気を感じていました。これまでにも精神世界系のグループには幾度となく参加していましたが、こんなに明るいグループは初めてでした。このグループは今でいう「明るい精神世界」の走りであったかもしれません。会には初めての参加で、当然僕は初対面の人たちばかりなので、彼らの前で何となく緊張しながら会が始まるのを待っていました。

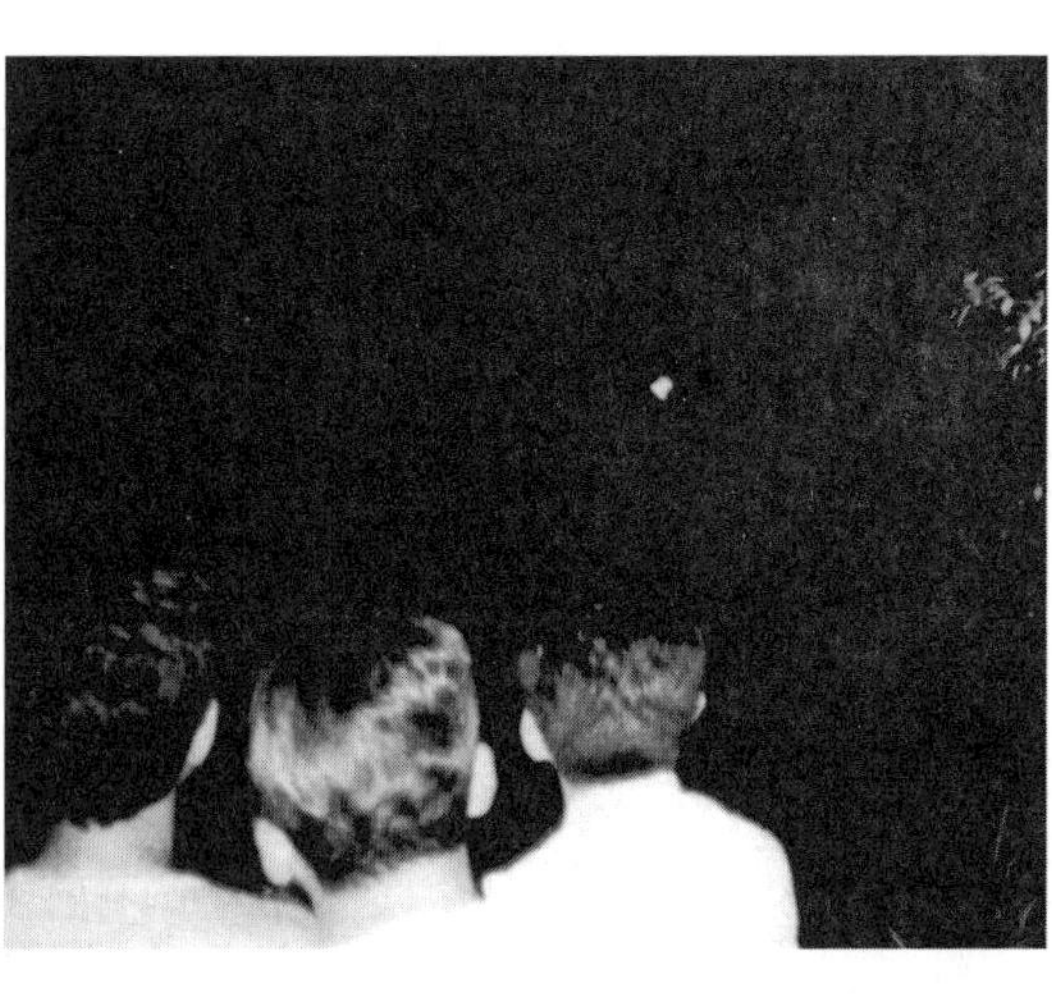

突然誰かが「ア、UFOだ‼」と叫ぶと、全員がベランダのほうに走り寄り、空を見ました。僕も一緒にベランダに出たのですが、そこには飛行機が一機、飛んでいく姿を見ただけでした。「な～あんだ、こいつら、飛行機とUFOの違いもわからないのか」と思い部屋の中に戻ろうとした時、「あそこあそこ」と指差している人の指の方向が飛行機とは全然違う方向に向いているのを発見しました。

おもむろにその方向を見た僕に衝撃が走りました。確かに正体不明の発光体が小さな山の上、夕暮れのたそがれ時の空にピタリと静止していたのです。やがてＵＦＯは山の陰に隠れたのか、いつのまにか消えうせていました。何人かのメンバーが「アオスミ、アオスミ、アオスミ」とＵＦＯに語りかけるマントラらしきものを唱えていました。日常の世界から非日常的な空間に、突然はまり込んだような初めての体験でした。

●ＵＦＯ体験と人類の近未来

毎年、６月24日が近づくと、多くのＵＦＯファンが星空を見上げ、各地でＵＦＯの研究会や観測会が開かれます。そう、この日は、「国際円盤デー」ともいわれる世界中のＵＦＯファンたちにとっての記念日なのです。今回は地球に飛来する謎の物体ＵＦＯについて考察してみましょう。

１９４７年６月24日、アメリカ西海岸のカスケード山脈、レーニア山上空を、自家用機で飛行中のケネス・アーノルドは、９つの編隊を組んで飛ぶ銀色に光る物体を目撃します。この事件が報道されると世界中で話題となり、彼が記者会見で「空飛ぶコーヒー皿のようだった」と語ったことで、「空飛ぶ円盤」の俗称が生まれたといわれています。これが記念日の由来となった事件です。その後も様々な事件がありましたが、ここでは紙面の都合上割愛します。

アメリカ空軍や多くの学者たちがＵＦＯ研究を始め、様々な学派が生まれました。主なものでは、ＵＦＯからの落下物や着陸痕、写真のコンピューター分析などで、客観的科学的な証拠を集める科学派、宇宙人と会見して他の惑星へ行ってきたと主張する人々（コンタクティ）を研究するコンタクト派、ＵＦＯは人間の超心理現象と深いかかわりがあるとする超心理学派等が挙げられます。

筆者は、ＵＦＯが人間の特殊な意識の状態と深いかかわりをもっているという超心理学派に近い考え方をもっています。筆者がＵＦＯに関心をもち、研究を始めてもう長い年月が経ちました。初期の頃は科学派の手堅い研究を支持していましたが、大学を卒業する前ぐらいから超心理学派に関心を持つようになり、１９８６年にＵＦＯを見たときの内的感覚からそれは確信に近いものになりました。

ＵＦＯを目撃した時、我々はそれを疑うことが出来ないのです。それは一緒に目撃している友人たちと共有する意識の高揚感、一体感をもたらし、彼ら（ＵＦＯ）の存在が内側に訴えかけてくるような親近感を伴うのです。それは目撃うというよりも一つの体験でした。筆者は明らかに日常的な意識と違う領域へと足を踏み入れていたのです。

ＵＦＯを全く見ない人と日常茶飯のようにも目撃する人が何故いるのか、これで説明がつきます。筆者はこのＵＦＯ体験が、新しい時代へ移行するための人類の意識の進化の方向性を指し示しているような気がしてならないのです。

かつて幕末の世にペリーの黒船が日本人に文明開化をもたらしたように、第2の黒船ＵＦＯは、人類にいまだかつてなかった意識の進化をもたらすことでしょう。

（社内報《ＶＯＬ５：１９８９年7月8日発行》より）

様々な瞑想修行と大いなる自己との対話

僕は先にエドガー・ケイシーの瞑想について書いていますが、実はケイシーの方法以外でも様々な瞑想を体験しています。

僕が印刷会社に勤めていた頃、花博が開催される前の鶴見緑地を昼休みに散歩しては、公園の木陰で瞑想したりしていました。それは3年以上に及ぶ経験となりました。

当時、この散歩の経験を社内報にまとめた記事「紅葉のファンタジー」があるのですが、今回は紙面の都合で割愛し、それ以外の瞑想体験について紹介いたします。

●瞑想でエドガー・ケイシーに会いたい

僕は瞑想のビジョンでもいいから、「エドガー・ケイシーに会うことができないだろうか？」と考え、色々と試行錯誤してみたことがあります。

ＡＲＥ（ケイシー財団）のパンフレットを持ってきて、そのイメージの中に入り込む練習をしましたが、うまく入り込めません。なかなかうまく行かなかったのですが、「どうすればいいかなぁ？」と工夫を重ねた結果、ある時やっと成功して、瞑想中にエドガー・ケイシーに会うことができました。

僕が、「エドガー・ケイシーに会いたいのでケイシーのいるところまで連れて行ってください」と、ある女性にお願いしているビジョンから始まりました。よく見るとその女性は僕が参加した「夢解釈と霊性向上のためのセミナー」の講師で「夢予知の秘密」の著者、エルセ・セクリストさんでした。

彼女に先導されてある部屋に入りました。「ここに、エドガー・ケイシーがいらっしゃいます。この人がそうです」とエルセさんがいわれました。僕の前には回転椅子があり、ケイシーはそこに腰掛けているようでしたが、僕には回転椅子の後ろしか見えませんでした。

おもむろにその人物がクルッと回転椅子を回して僕と対面する形になりました。僕が会いたかったエドガー・ケイシーがそこにいました。そこで僕はケイシーからのメッセージを聞いたのです。「あなたの使命はＡＲＥ（エドガー・ケイシー財団）に行くことではありません」するとケイシーのバックに青く輝く地球の映像が映し出されたのです。「あなたの使命はこの、青い惑星にあるのです」。

「え？」と思うが早いかビジョンが途切れ、僕は瞑想から覚めることになりました。

「どこかで聞いたようなフレーズだな……。あ、そうだ!!　秋山眞人氏が宇宙人とコンタクトした時に同じことを言われていたなぁ……。う〜ん？　僕は秋山氏じゃないんだけどなぁ〜」。

何となく、しっくりこないメッセージでした。

●ハイヤーセルフ（大いなる自己）との対話

筆者は瞑想でハイヤーセルフと対話してみようと試みたこともあります。ビジョンで光の存在と対峙しました。光の存在が僕に語りかけました。「私はあなたの中にいるが、あなたは私と一つになってはいない。私と一つになるようにしなさい」。僕は光の存在に聞きました。「あなたは誰ですか？」「私はあなたの魂だ‼」と答えが帰ってきました。

また別の時には、ハイヤーセルフを探しているビジョンがありました。大海原を前にしてハイヤーセルフに呼びかけると突然雷鳴とともに雷が僕に落ちてきました。その瞬間、「なぜ私を探そうとするのか。初めのメッセージを思いだしなさい」という声が響きました。

●ホロトロピック・ブレスワーク

ある時期にトランスパーソナルサイコロジーのスタニスラフ・グロフの提唱した「ホロトロピック・ブレスワーク」が流行った時期がありました。各地でワークショップが開催され、大賑わいでした。そんな中、僕は未来創造倶楽部を主宰していた和田正輝さんのワークに、繰り返し参加していました。グロフがネガティブな感情に焦点を合わせ、阿鼻叫喚の世界にセラピーを見出したのに対し、和田正輝さんはポジティブな情操的、美的感覚を養う未来瞑想を提唱していました。

未来創造倶楽部のワークでは、参加者同士の間で頻繁にテレパシーが通じ合う現象がありました。僕もメンバーの西井冠次くんとの間で、とても興味深く人生観を揺さぶるような多くの体験がありました。

高野山を会場にして開催された未来瞑想の時に、僕はエドガー・ケイシーがヴィジュアライズ化を促進するとリーディングで語っている方法を試してみることにしました。

過呼吸のブレスワークをする時に、グライコサイモールをお湯で薄めた溶液を脱脂綿に浸して額と第３の目のある眉間のあたりと両目を覆って湿布にする。それをアイマスクで抑えるように付けながら過呼吸ワークをします。やってみると、たしかにビジョンが出やすくなるような気がします。しばらくすると、僕の潜在意識にある様々な情報がビジョン化されて大量に現れてきました。僕はあまりの情報に頭が割れるような恐怖を感じ、ワークの途中で湿布を外しました。

その事があってから、僕はそれまでよりも数倍もビジョンが見えるようになりました。元々ビジョンを見やすい傾向が更に強められ、強化されたようです。

カレン・ブハノン夫人の予言

僕はインドと深い縁があるような気がします。初めての海外旅行はインドでした。そしてそれは、あるチャネラーに予言されていました。僕はある時、カリフォルニアから雑誌ＡＺの招聘で来日したチャネラー、カレン・ブハノン夫人のチャネリングを受けることになりました。僕が最も信頼する超心理研究家、井村宏次さんもカレンさんを推薦しています。

カレンさんは、覚醒状態で依頼人のエネルギーを読み取りチャネリングします。そのセッション中に、僕はカレンさんに「あなたが海外で異国情緒のある建物を見上げている光景が見えます。あなたは1年以内に海外に行くでしょう」と言われました。

その言葉を聞いた時、僕は「それはありえないだろう」と思いました。時はちょうど1990年4月、大阪の鶴見区で「国際花と緑の博覧会」、通称「花の万博」が開催されたばかりでした。異国情緒のある建物なら万博会場にたくさんある。きっとカレンさんは、僕が花博にいって異国情緒あふれる建物を見上げている光景を見たに違いない。まず僕は「海外に行きたい」とは思っていないので、わざわざ予言を当てるために海外に行くようなことは絶対に考えられない……。

その後、僕は花博に行く機会が5回ぐらいありましたが、異国の建物を見上げるようなシチュエーションを体験することはありませんでした。花博が9月に閉幕し、秋になりました。僕が金子くんと一緒に主宰しているイベント、アクエリアン・フェスティバルは第4回を迎え、毎年バージョンアップされ、内容も充実してきました。手伝ってくださるスタッフは、各サークルからそれぞれ優れた人達が集まっていて、スタッフ同士の雰囲気もよく、交流も盛んになっていました。

盛況の内にフェスティバスは終わり、「また来年会いましょう」とスタッフは誓い合って別れました。しばらくして、スタッフの一人で、ブラーマ・クマリス・ラージャヨガ・センターのシスターから電話があり、「日本のブラーマ・クマリスの代表者が、アクエリアン・フェスティバルの主催者に会いたいと言っていますので、一度神戸のセンターに来てほしい」と言われました。

「話ってなんだろう」と思いながら、神戸センターを訪問した僕は、日本の代表者と会談することになりました。

●インド旅行への誘い

代表の方は、僕が主宰のアクエリアンフェスティバルを見に来てくださっていたようで、イベントの素晴らしさを称賛してくださいました。そしてイベントの成り立ちや、これまでのことをいくつか聞かれた後、「あなたを来年（１９９１年）２月にインドで開催される、国際瞑想合宿に招待したい、是非、受けてください」といわれるのです。「ただし、交通費は出ません。合宿中のセミナーや宿泊、食事などは全て負担します」ということでした。ブラーマ・クマリスでは毎年精神的な活動をしている人たちを探し出して、合宿に招待しているようで、今回は僕がその対象に選ばれたのでした。

僕はどうするか数日間、母にも相談したりして検討し、招待を受ける判断をしました。カレンさんの「１年以内に、海外に行く」という予言は当たったのか？異国の建物を、僕が見上げるようなことは、あるのだろうか？

こうして僕の初めての海外旅行が決まったのです。

●インド悠久の大地に立つ

旅行の目的は合宿への参加でしたが、開催地へ行くのに2日かかり、その道中でインドの風土を目の当たりにすることができました。デリーに着いたのは午前1時過ぎでしたので、その日はタクシーで郊外のホテルに直行、すぐ寝ることにしました。

翌朝早く、まだ眠い目をこすりながらタクシーで国内便の空港へ。朝日が昇ったばかりで、濃い霧に包まれた街を眺めていると、昨晩にはそれほど湧いてこなかった実感がひしひしと感じられます。

「そう、ここはインドなのだ」。日本から遠く離れた異国の地、筆者は初めて海外へとその一歩を踏み出したのです。

国内便でデリーからウダイプールへ……。空港から降り立った時、何気なしに飛行機にカメラを向けました。すると、軍服にベレー帽、肩には銃を掛けた男が駆け寄ってきて、「フィルムを出せ（英語）」と言って睨みつけました。

その場はなんとか切り抜けましたが、インドの空港では写真撮影が禁止されていたのです。ウダイプールの庭園では、小さな子どもたちが何人も集まり、彼らが彫った石像を売っていたので、比較的安いものを数点買いました。

その後タクシーで庭園を去ろうとした時、先程の子どもたちが石像を持って群がってきました。三分の一、四分の一の値段にして、なんとか買ってもらおうと必死なのです。結局また二つほど買ったわけですが、子どもたちの様相にはびっくりさせられました。インドでは貧富の差がとても激しく、貧しい人たちは生きることに必死です。

他へ行ったときでも、３歳ぐらいの子供が「１ルピーちょうだい」とねだってくることがありました。後ろの木陰に母親がいて、けしかけているようでした。また、おばあさんが食べ物を恵んでもらおうと歩み寄ってきたこともありました。今にも崩れ落ちそうな場所に住んでいる人々……。なんという貧しさでしょうか。

５時間以上もタクシーに乗っていましたが、前方にたくさんの鳥が群がっている光景がありました。車が近づくと鳥が飛び去り、そこにはなにか動物の死骸らしきものがありました。しかしインドの人たちは何も気にせず、その場を通り過ぎていくようです。また、林の中で動物の死骸が完全に骨とかして転がっていたり、日本ではみることのできない光景がタクシーの窓から見えてきます。

海外旅行をした人の多くが口を揃えて、「最もカルチャーショックを受けた国はインドだ」と言います。どこへいってもインドの人たちの持つ奥深く澄んだ瞳は衝撃的でした。彼らは文明の発達と共に我々が失ってしまった最も大切なものを今なお持ち続けているのではないでしょうか。

生と死の現実に薄いベールを張り巡らし、真実を見つめる目を失ってしまった現代人に、彼らの瞳は心の奥をえぐり出し、我々に目覚めるようにと執拗に訴えかけてくるようです。

インドの悠久の大地と空間が、我々に真実を問いかける時、我々は新しい時代に復権を求める古の精神の息吹が、この地に脈々と息づいていることを知るのです。

（社内報ＶＯＬ13《１９９２年７月10日発行》より）

●インドで見たエドガー・ケイシーのビジョン

２日掛けて、合宿の地、マドゥバンに到着しました。大きなベッドのある２人部屋に案内されて、「後でこの地を案内するので少し休憩していてください」と言われました。僕はベッドに仰向けに寝て、体を休めました。ほんの少し、まどろんだ時、ひとつのビジョンが見えてきました。

僕は部屋の片隅に立っていました。前の方に二人の人が見えます。向かい側に立っているのは、なんとプラジャピタ・ブラーマではないか、ブラーマ・クマリスの創立者で裕福な商人でしたが、ある時、枕元にシバ神が立ち、その啓示で私財をなげうってブラーマ・クマリスを創設したということです。部屋ではブラーマと誰かが話しています。僕の方からは後ろ姿しか見えませんが、話し声が聞こえてきました。

後ろ姿の男性の声「ブラーマよ。私の息子を預けた、頼んだぞ」。ブラーマが答える「分かった……」。後ろ姿の男性は「誰だ？」と思っているとその男性がこちらをふり向きました。なんと、エドガー・ケイシーではありませんか。ふたりはお互いの手を取り、「我々は、インドとアメリカで天からの同じメッセージを伝えるために降りてきた同胞なのだ」と語りました。ビジョンは途切れ、僕は一瞬のまどろみから目覚めました。

「準備ができました。マドゥバンを紹介します」。ガイドに呼ばれ、僕は部屋を離れました。移動の途中で僕は先程のビジョンを思い出していました。「エドガー・ケイシーが僕のことを息子と呼んでくれたぞぉ～」。僕は嬉しくて天にも昇る気持ちでした。

マドゥバンの案内では、まず初めに興味深い壁画のあるところに行きました。壁画には、地殻変動や天変地異が多発して、恐れおののき、逃げ惑う人々をブラーマとラージャヨギたちが、助け導いているところが描かれていました。

ガイドの解説では、新しい時代になる前に大きな混乱があり、ブラーマとラージャヨギたちが、その時、人々を助け導くといわれているそうです。話を聞いて、「これはエドガー・ケイシーの世紀末に起こるとされる世界的な地殻変動と同じことを指しているのではないか」と感じました。天からの同じメッセージとは、これのことじゃないかと感じました。

●異国の建物を見上げる

まるで国連のように、円形の階段を降りていくところに案内されました。下まで降りたところで説明がありました。「ここでは３０００人が集まって、宗教的な会議が行われることがあります。つい最近もインドの首相が来て、演説をしました。ユニバーサル・ピースホールといいます」と紹介されました。説明を聞いて僕はその異国情緒あふれる建物を、まさに見上げることになったのです。

その瞬間、背筋に電流のような衝撃が走りました。「これだ!!　これこそ、カレンさんが見たビジョンだったのだ!!」。　僕はカリフォルニアのチャネラー、カレン・ブハノン夫人の予言がすべて、ピタリと当たったことを、この時初めて実感することになりました。その後の瞑想合宿の様子については、過去の印刷会社の社内報に投稿した文章を紹介します。

●インド・ラージャヨガ瞑想の旅ーアクエリアス時代の瞑想録ー

筆者は、ブラーマ・クマリスと呼ばれるラージャヨガグループの主催する国際合宿に招待され、去る2月3日、他の参加者と共にインドへ向けて出発しました。インドの北西部、ラジャスタン州のマウント・アブー、その中腹にマドゥバン（蜜の森）と呼ばれるラージャヨギたちの村がります。合宿は、このマドゥバンにある、スピリチュアル・ユニバーシティ（霊性の大学）にて、2月7日から12日まで6日間にわたり、開催されました。

一行は合宿の始まる2日前に現地に到着、ちょうど開かれていた国際会議に出席したり、近くの湖や村へ散歩に出たり、旅の疲れを癒やす素敵なひとときを過ごしました。

2月7日、いよいよ国際合宿の始まりです。テーマは「瞑想体験」で、世界34カ国から実に165人が参加しました。夕刻、オープニングセレモニーとして、ベジタリアン料理の立食パーティがあり、参加者同志が交流を深める事ができました。彼らはとても精神的で愛情に満ち、筆者は多大な啓発を受けました。言語の障害はあったものの、彼らと出会い、歓談したことは、筆者にとってこの上ない喜びをもたらしたのです。

合宿は、毎朝４時半起床、１時間の瞑想から始まります。６時半から８時まではセミナー、朝食後10時から12時まではワークショップ、昼食後は約２時間の自由時間があり、夕方から夜の10時まで様々なイベントが催されます。合宿中、筆者が最も感銘を受けたのは、夕刻のババーズロックと呼ばれる岩の頂上での瞑想です。まるでインド全土が見渡せるような壮大な景観が眼前に広がります。悠久の大地のバイブレーションが全身を貫き、はるかなる地平線の彼方に沈みゆく太陽が見えます。

ラージャヨガはヨガの王と言われています。その修行者は自らの感覚を支配する様々な訓練をします。中でも瞑想はラージャヨガの代表的な行法で、実際、セミナーやワークの前後には必ず10分ほどの瞑想があります。マドゥバンでは、２時間おきに瞑想の歌が流されると、歩いている人は立ち止まり、談笑もかき消えて、誰もが自己の内面を見つめ、静かになります。瞑想の歌だけが響き渡ります。

スピリチュアル・ユニバーシティ、そこはラージャヨギたちの瞑想と静寂の楽園です。様々な思いを胸に、筆者は帰路につきました。マドゥバンは、アクエリアス時代の雛形に他なりません。筆者の胸に新たなる決意が燃え上がりました。

（社内報ＶＯＬ11《１９９１年5月20日発行》より）

筆者はインドから帰る前日にラージャヨギたちが集まり、静かに瞑想するルームで、長い間瞑想に浸りました。部屋にはブラーマの写真が飾ってあり、僕はブラーマにこの経験を積ませてもらったことを感謝し、ブラーマと対話する気持ちで瞑想しました。

インドでの国際瞑想合宿を終えて、日本に帰ってきました。ちょうどその頃は湾岸戦争の真っ只中で、成田空港はガラガラでした。僕が行ってきたのは北西インド、山ひとつ越えるとパキスタンで湾岸戦争が行われていた危険な場所でしたが、そんな中でマドゥバンはとても平和な空間でした。この旅行で、僕は世界で精神的な活動をしている人達と出会い、彼らに大きな刺激を受けました。世界に目が見開かれた体験でした。

エドガー・ケイシー財団ツアーへの参加

翌年の1992年5月、僕はたま出版が主催する「第1回エドガー・ケイシー財団ツアー」に参加することになりました。雑誌『たま』に掲載されていたツアー募集の記事を見て、「僕はこのツアーに参加するんだ」という思いは確信となって自然に湧いてきました。インドでの経験がなければ、世界に目が開かれていなければ、そのように思わなかったかもしれません。そしてこのツアーでもたくさんのエドガー・ケイシーファンの人たちと知り合い、交流を深めることが出来ました。

僕は班長だったのに、ツアー参加者の中で最も頼りなく、みんなに迷惑ばかりかけている班長でした。バスで点呼が行われた時に、副班長が点呼をして「班長がいません」と報告!! なんと、僕が一番遅刻していたのです。最後にホテルを出るときにも、支払うお金が不足していてバスの出発が遅れ、ツアー参加者に迷惑をかけてしまいました。しかし、AREを訪問できたことは、永年ケイシーファンとして活動してきた僕にとって、感慨深い経験となりました。

団長の韮沢さん、コンダクターや、時には通訳、その他ツアーの間、ずっと献身的に尽くしてくださった光田さんに深く感謝いたします。そして、この時訪問した人たちの情熱が結集して1年後に、日本エドガー・ケイシーセンターが発足することになるのです。この時は任意団体でした。

その後、5年後の1997年8月にも、京都と大阪スタディグループメンバー4人で、ケイシー財団を訪問しました。その前にエドガー・ケイシーの生まれ故郷、ケンタッキー州ホプキンスヴィルで、ケイシーの生まれた家や通った小学校なども訪問し、墓参りもすることが出来ました。「有名な預言者」の碑を見たときは感激しました。ボーリンググリーンの市長と会ったりバージニアビーチに隣接するニューポートニューズの市役所を訪問したりしました。

とても印象深かったのは、ニューポートニューズの市役所に勤めている職員さんたちの反応でした。エドガー・ケイシーの話をすると誰もが目を輝かせて、「オー、ケイシー知っています」と満面の笑顔になります。エドガー・ケイシーは隣町の人たちに、「こんなにも愛されているのか‼」と嬉しくなりました。

ニューポートニューズは実は大阪の寝屋川市と姉妹都市提携を結んでいます。藤本さんは通訳兼側近として市長に同行し、姉妹都市提携の尽力されたようです。その時、「ジナ・サーミナラ博士にも助けてもらった」と藤本さんから聞いています。ケイシーとは関係ないですが、竜巻の名所、オクラホマ州のノーマンシティにも滞在しました。

1997年のアメリカ旅行に出発する前日、8月21日に、僕を高校生の時から可愛がってくれた、たま出版の瓜谷社長が他界されました。亡くなられた日が僕の誕生日であり、翌日からケイシー探求の旅に出る事になっていたということは、ケイシーに情熱を傾けた瓜谷社長から、「魚田くん、後を頼んだぞ」とエールを送られたような気がしました。瓜谷社長、ありがとうございました。

●熊野本宮大社に大いなる神の波動を感じる

僕は以前、友人たちと一緒に熊野本宮大社を参拝した時、神の波動を感じた体験があります。その時同行したメンバーの中には、友人の内山敏孝さんとチャネラーの太田れいこ（レミ）さんがいました。熊野本宮大社に至る階段を登り、神域に入った時、心がスゥ〜ッと静まり返り、その空間いっぱいに広がっている神の波動を、ひしひしと感じる体験をしました。

例えて言えば、太古の昔、巨大な太鼓（打楽器）を誰かが叩いたのです。その太鼓の余韻が悠久の古代から今に至るまで長い間、途絶えることなく続いているような印象です。神域から出るとその波動は消えてしまいます。再度神域に入るとその空間いっぱいに振動が広がっているのです。不思議なことに、霊的に敏感な内山さんやチャネラーのレミさんも、僕と同じようには感じなかったのです。「この土地には明らかに神がいる」。神の鼓動、神の臨在をリアルに感じる。その体験は僕にとって神聖な体験でした。

●シンギング・リンの響き

時は過ぎ、2019年6月末に、日本エドガー・ケイシーセンターで開催された瞑想セミナーで、シンギング・リンの響きを使って瞑想をするというセミナーがありました。講師はセンターのディレクターにして、シンギング・リンのセラピストでもある岩隈幸恵さんです。エドガー・ケイシーの瞑想については僕は初心者に指導するような立場なのでセミナーを受ける必要はないのですが、シンギング・リンに興味を持ったので、瞑想セミナーを受けてみることにしました。

そこで、驚くべき体験をすることになるのです。シンギング・リンの響きはかつて、熊野本宮大社で感じた神の波動を彷彿とさせるものだったのです。僕は同じような類型の楽器をいくつも体験したことはありますが、シンギング・リンはそれらとは明らかに違う自然な響きを感じました。

何でもシンギング・リンは天啓に導かれて制作されたものだそうです。熊野の体験もシンギング・リンもかなり主観的な体験なので、他の人が僕と同じような体験をするかどうかは分かりませんが、僕にとっては驚くべき体験でした。

ケイシーファンの皆さまへ

僕は永年エドガー・ケイシーの研究と啓蒙に務めて参りました。スタディグループを主催する傍ら、エドガー・ケイシーの講演依頼にも何度もお応えしています。そんな中で、とても興味深いエピソードが一つだけあります。

その日も僕は夜に、エドガー・ケイシーについての講演を、行う予定になっていました。ケイシーのことを、これまで全く知らないある人が、セミナー主催者のおすすめで、講演会を聴講する為、会場を訪れていました。少し早過ぎたので、会場には誰も集まっていませんでした。その方はある種の霊的修行をされ、霊視能力を持っていたのです。

少し来るのが早すぎた事に気づいた彼は、もう一度出直してこようと思いました。会場を見渡すと一人の外国人男性の霊がいるのがみえました。その外人の霊も彼に気づき、何かを伝えようとして、その方に話しかけてきたのです。ところが外人の霊が何を言っているのか、彼にはさっぱりわからなかったそうです。外人の霊は、伝えるのを諦めて去っていき、その方も会場を後にしました。

やがて夜になり、僕の講演の時間がやって参りました。参加者が集まる中、彼も会場に来ていました。僕はケイシーを紹介するため、1枚のケイシーの写真つき配布資料を用意していて、講演を始める時、聴講者に配布しました。その方は配布資料にある写真を見て、驚きました。なんと、先程会場にいて、話しかけてきた外人さんの霊だったのです。「そうか。あの外人さんの霊は、エドガー・ケイシーだったのか」と、その時彼は、気付いたということです。

「僕の講演会場にエドガー・ケイシーが現れていた」という話ですが、ケイシーファンの皆様にお伝えしたいのは、インドで見たビジョンの中で、ケイシーは僕のことを息子と呼んでくださいました。そして僕の講演会場にも来てくださっていたのです。

これは何も、僕が特別というわけではないと思います。イエス・キリストが「２人でも３人でも私の名のもとに集う時、私もその中にいる」と約束されたように、ケイシーもそれに倣い、自らの信奉者をいつも見守り、助けてくださっているということです。エドガー・ケイシーと共に歩むものは誰でもケイシーの息子であり、娘なのです。

ケイシーファンにとって、これほど嬉しいことはありません。皆さんは僕の兄弟姉妹なのです。

これからもエドガー・ケイシーファンの皆さんとともに歩んでいきたいと思います。

第6章　宇宙・人間―未知なる領域―

ケイシーの勧める食事法について

僕がケイシーの勧める食事法をあまり真面目に実践していないのは、ケイシーファンの間でも、よく知られています。「ケイシー研究者なのに食事法は守られていないんですね」と言われるわけです。

スタディグループを始めた初期の頃に、ミニセミナーでケイシーの食事法についての話をして、会が終わった後、メンバーで喫茶店に入りました。皆がコーヒーを注文している中で、僕はお腹が空いていたので何気なく、カツカレーを注文しました。メンバーはびっくりして「魚田さん、リーディングでは豚肉はダメでしたよね。それにフライにして食べてはいけないって、さっき魚田さん自身がセミナーで話してたじゃないですか」と詰め寄られました。僕は「いやぁ、ケイシーも守らなかったんだよ」と変な言い訳をしながら、カツカレーをパクパク食べていました。

でも僕は、ケイシーの食事法を全く無視しているわけではありません。例えば生活の中で、日程を決めて実験をする時とかは、その期間中は真面目に守っています。それとケイシーが避けよと言っている食べ物は偏食を控えるとか。たまに朝食とかはケイシーオンリーだったり、無理のない範囲で僕の生活に取り入れているわけです。

それ以上に僕が気をつけているのは、食事をするときのイメージです。「これはケイシーがダメだと言っているから食べてはいけない」なんて思って食べても美味しくはありません。それなら美味しく食べて、食べたものが自分の血となり肉となって明日の活力となっているイメージを抱いたほうがいいです。何を食べても美味しく、和気藹々(わきあいあい)と楽しんで食事をしたい。食事というより食生活が大事なんです。

テレビで「想い出ご飯」という番組がありました。自分にとって大切なひとときを共有した食べ物は、過去の想い出と共にその人の心のなかに生き続けるのです。僕の場合は、例えば大学時代の学食で食べたビフカツ定食は、その当時に抱いていた熱き情熱を思い出させてくれる大切な食べ物なのです。

さて、健康志向で食事に気をつけている人は、ケイシーファンだけではありません。例えばヴィーガン（完全菜食主義者）とかベジタリアン（菜食主義者）とか呼ばれている人、日本ではマクロビオティック（伝統的日本食を推奨する食事法）の桜沢如一(ゆきかず)、自然食や自然療法の大家で東城百合子先生もいます。それぞれにファンがいますが、ベジタリアンにも４つの流派があります。そして流派によって少しづつ食事法に違いがあります。

本を何冊も出している有名なベジタリアンの先生がおられます。以前その先生から直接、「ベジタリアンで複数の流派が集まる集会で、派閥同士が喧嘩になったことがある」という話を伺いました。

お互い食べ物や健康に気をつけている人たち、ケイシーがいうところの理想を同じくする人たちなのに、思想のちょっとした違いで喧嘩になることがあります。これはとても悲しいです。それこそケイシーがいうように思想の違いを同一の理想で乗り越えるべきじゃないでしょうか。

僕の家の近所にも、マクロビのお店や、東城百合子先生のお弟子さんがやっている玄米食堂があり、時々そんなところで食事をします。するとすべて植物由来の素材でできた料理を食べていると、フライで上げた料理も出てきます。

そんな時、「ケイシーはフライはダメだと言っていた」などと考えて食べるより、美味しく食べたほうがいいのです。食事中に水をたくさん飲んでいると、お店の人が心配して「食事中はお水をあまり飲まないほうがいいですよ」と教えてくれたりします。

実は食事中は水を飲まない方がいいという思想もあるのです。水をたくさん飲むと胃液が薄くなり、消化に影響するのだそうです。僕もその思想を前から知っていますが、ケイシーの言っていることとは違うような気がします。

でもお店の人は僕のことを心配して言ってくれているのを僕はよくわかっているので、「教えていただき、ありがとうございます」とお礼を言ってその思いに感謝しました。

エドガー・ケイシーのリーディングには、「食事のときにイメージを描くことの大切さ」を説いている、次のようなものがあります。

自分が食べるものに関して言うなら、自分が食べたものにして欲しいことを食べたものが実行している様を心に思い描くがよい。

人間の本質にほかならない自らの心を、神を待ち望む思いで満たす者は、心や太陽。大地とそこに咲く花々―この地球に住む者たち―が神の御業、神の顕現であることがわかることであろう。そうとすれば、身体が建設されるにあたって食物を取るのは、ただ食欲を満たさんがためだけであるのか？　それともある目的、自らの肉＝心＝魂が支持することに決めたものを身体が更に巧みに拡大してゆけるようにするという目的を遂行せんがためであるのか？

それ故に、いつどこで何を食らうかなどはそう大した問題ではなくなるであろう。それどころか自分の食べるものが、身体を通じて達成したいと願っていることと調和していることを確認すること―これこそが問題なのだ！

―主イエス・キリストが言い給うた如く、口に入るものではなく、かえって口から出るものが人間の霊的身体を汚すからである。―

夢──内なる世界への挑戦──

●夢の重要性

誰もがしばしば夢を見ますが、朝、目覚めて数分もすると、ほとんどの人が夢を忘れてしまいます。また、夢を全く見ないという人も少なくありません。彼らにとって夢は心によって作り出された単なる幻影にすぎず、日常生活には何らかかわりのない無意味なものだと思えるのです。

こうして夢の神秘は社会的現実のわずらわしさの中に、いつしか埋没してしまいます。果たして夢は無意味な幻影にすぎないのでしょうか。

眠れる預言者エドガー・ケイシーは、夢の重要性について次のように語っています。

「すべての幻影や夢は個人の恩恵のために与えられる。ただ、それらを正しく解釈しなければならない。夢は真の自己の、目に見えない世界における活動である。」

筆者の夢についての関心は、高校生のときに読んだ一冊の本から始まりました。

●神秘の扉を開く

題名は『夢予知の秘密』といいます。著者のエルセ・セクリスト夫人は、ＡＲＥの海外ディレクターとして世界中で講演する等、活発な活動をされていました。この本は、エドガー・ケイシーの夢についての考え方を、著者の体験や多くの実例をもとに解き明かした、すばらしい実用書となっています。

読み進むうちに、筆者は深い感銘を受けました。それまで筆者は時々しか夢を見ることがなく、当然、あまり注目をしていなかったのですが、その夢にこのような機能があることを知らされたのは新鮮な驚きでした。

自分自身に直面し理解できることから、人生上の様々な問題ごとやビジネスについての実際的な助言や指導、予知やテレパシーなどの霊的感受性を高める作用、創造性を刺激し、時には超自然的な存在、神との交流もできる等、こんなにも身近に神秘の扉のあることを知らされた筆者は、早速、扉を開けて内的世界の冒険へ旅立ったのです。

●夢解釈への挑戦

筆者は『夢予知の秘密』１冊を読んだだけで、すぐにでも夢解釈ができると思い込んでいました。夢解釈がとても簡単に感じていたのですが、現実はそんなに甘くないということにすぐに気付かされました。

夢日記をつけ始めると同時に、毎日夢をみるようになったのですが、一つ目の夢を解釈する時になってさっそくつまづいてしまいました。夢に出てくる象徴や行動の意味、背景などがあまりにも複雑で、ことごとくわからないのです。

断片的に解釈してそれがつながらない、どうすればいいのかわからず、一つ目の夢の解釈をあきらめ、その次へととりかかったのですが、全く同じ状態でした。

どんどん夢が集まってくるのに一つとして解釈できない。筆者はプレッシャーを感じ、これではいけないと気持ちはあせる一方でした。解釈できない夢が山積みされてくるにつれ、筆者は早くも大きな壁にぶち当たったことを実感せざるをえませんでした。

そのうち1日にみる夢の数が増え始めたのです。4回も5回も夢をみるようになり、そのたびごとに目を覚まして夢を記録するという日々が続きました。寝ているときに何度も起きるので眠りも浅く、筆者はだんだんと睡眠不足の状態になっていきました。

学校でも授業中に突然眠たくなってきます。寝てはいけないと必死に睡魔とたたかっていると、意識と無意識の境界線あたりで考えていることが、まるで白昼夢のように眼前に広がり始めたのです。夢と現実の境界が曖昧になりつつあり、危険を感じた筆者は、重要な夢を除いて、しばらくは夢をみないことを自分に強くいいきかせました。

途端に夢をみなくなり、睡眠不足も解消されたのですが、残ったのは3か月近くに及ぶ解釈できなかった夢の記録と、夢分析の難しさを痛感させられた体験でした。夢は無意味どころか、現実と深いところで密接につながっていて、相互に影響を与えあっているということを実感しました。

●夢探究の日々

『夢予知の秘密』の著者、エルセ・セクリスト夫人が、たま出版の招きで来日し、「夢活用と霊性向上の為のセミナー」が開催されたのは１９８０年２月23日～25日のことでした。当時筆者は大学生でしたが、上京してこのセミナーに参加し、これをキッカケに再び夢解釈への挑戦を始めたのです。

セミナーの内容は非常に実践的で充実したものでした。受講後、更に夢についての幅広い知識を身につけようと、フロイトを始めとする心理学者、特にケイシーに近いといわれるユングの文献を大量に読んでいきました。

少しずつ、筆者の夢についての理解は深まっていきました。最初のアプローチの際、夢の全体に表された主題（テーマ）やあらすじを導き出さずに、複雑な夢を細部に渡って解釈しようとしていたことに気がつきました。

また夢の象徴の意味は１人１人異なっているので、夢の事典は最初からはあまり役に立たないことがわかりました。ユングによって示された６つの元型は、夢解釈を考えていく上でとても参考になりました。大学のサークル等で友人達と共に夢の研究プロジェクトを組んでお互いの夢を分析しあうこともやってみました。

そんな時、神戸にカナダ人のケイシー研究家、ディック・M・A・ハースさんがやってきて、神戸で定期的にケイシースタディグループを開催するという情報が流れてきました。

筆者はさっそく参加してみましたが、参加者はほとんど外国人でミーティングは英語で行われていました。ハースさんは夢分析の専門家だったのでグループの後半は大体夢解釈に費やされていました。

筆者も友人と共に参加して夢を解釈してもらいました。それからまもなくして大阪にケイシースタディグループが発足しますが、ハース氏の提案により、大阪のグループでもミーティングの後半で夢解釈が行われるようになりました。それから永年に渡って夢と取り組んで、現在に至っています。

●ケースワーク

それでは筆者のみた興味深い夢の実例をいくつか紹介しましょう。

夢1：筆者は地方に住む大学時代の友人と会って仲良く語り合っています。夜遅くなって、帰る電車がなくなってしまい筆者が困っていると、彼が、「大丈夫だ。真夜中の12時に家の地下に電車が来る。それに乗ると45分で君の家に到着する」というのです。筆者は安心して12時の電車で彼に見送られて帰りました。

朝、気持ち良く目覚めた筆者は、すぐに夢の意味を理解しました。実は前日に筆者はこの友人から、「また会いたい、いつでも遊びに来てほしい」といった内容の手紙を受け取っていたのですが、仕事の忙しさ等もあって悲観的になっていました。地方ではなかなかいくことができないだろうし、「仲のよかった友人もこうしてだんだんと疎遠になっていくのだろうか」と、憂鬱な気分で眠りについたのでした。

この夢は、筆者がすでに知っているはずの霊的真理を開示することで、前日の気分を吹き飛ばし、元気付けてくれたのです。

人生上で親しい間柄となった者は、無意識の深い領域で常につながっていて、その友情あるいは愛は、死の壁を越えてすら存続する。これが夢から受けたメッセージでした。

無意識が活発になる真夜中の12時、地下は深層を表し45分は単純に死後、という解釈でした。そういえば同じ意味かどうかはわかりませんが「愛は墓を越えて存続する」という格言もよく聞きます。次は予知夢の実例を紹介しましょう。

夢２：筆者は自分の主宰するサークルの集会を喫茶店で開いていました。

メンバーの女の子が１人、10時になったらやることがあるので、ここから出て行くといいました。時間がきて、彼女は去っていきました。他のメンバーも手を振って彼女を見送りました。

夢の中のサークルは現実でも筆者が主宰しており、メンバーも同じです。この夢をみて筆者は、現実でも彼女が自分のなるべきことを悟り、そのためにサークルを退会しようとしているのではないかと感じていました。そしてその日の晩、彼女から手紙がきたのですが、封を切る前に筆者には手紙の内容がわかるような気がしました。やはり予想どおりの内容だったのです。

これは予知というよりテレパシー的要素の強い夢かもしれません。なぜなら彼女の思っていたことが夢を通して筆者に伝わっているからです。

もう一つ、筆者の予知夢の実例を紹介しましょう。

夢3：筆者がバスに乗って坂の下にある家へ映画を観に行こうとしていました。何人かの人が停留所からバスに乗ってきましたが、その中に知り合いの女の子がいました。彼女は弟と一緒に乗ってくるはずでしたが、弟がいませんでした。筆者がそのことを聞くと、彼女は「弟がどこにもいないの」といいました。

その日は筆者が、数名の人にサイキックリーディングを取り次いでいたので、予約を入れていた人がリーディングを受ける日でした。最後に夢の中の姉弟が受けることになっていました。筆者は弟さんがこないのではないかと思いました。待ち合わせ場所についた筆者は、彼女から夢で聞いた全く同じ言葉を聞くことになりました。筆者はすでに自分自身が受ける準備をしていました。

他にも紹介したい夢はたくさんありますが、紙面の都合上割愛します。最後に筆者の夢探究の過程で、飛躍的に理解を深めたポイントを提示してこの稿を閉じたいと思います。

●夢解釈のポイント

まず初めに、夢の象徴の意味には個人差があり、結局夢を見た本人しか解釈できません。それを連想を通して導いていくのですが、夢の中で考えたことではなく、感じたことに基づいて連想していくことが大切です。

連想法はフロイトの自由連想よりも、ユングによって提示された拡張法がより有効だと思います。つまり象徴を常に中心において連想していく方法です。

連想がうまくいかないときに象徴の類型に当たるものと比較してみるのもいいでしょう。例えば夢の中で電車が出てきたとしても各駅停車と特急では全く意味が変わってくるでしょうし移動するのが目的なら、自動車や自転車でもできるのに何故電車がでてきたのかと相互に印象を比較してみます。無意識が何故その象徴を選んだのか、少しでもフィーリングがつかめると、意味への理解は飛躍的に深まります。

ある女性は数名の友人とアラブへ旅行し、危険な目にあうという夢をみました。実際の彼女は外国といえばフランスやカナダを連想し、アラブは旅行したいとは思いませんでした。数名の友人とはよく集まって精神世界的な話をする間柄で、それが現実離れの様相を呈していたことへの警告を夢は表していたのです。

彼女はアラブと他の国を比較したり、夢の中の友人と他の友人を比較するまで、その意味に気がつきませんでした。筆者の友人は和室で行動している夢を見て、落ち着いてリラックスして物事に接する必要があることに気づきましたが、彼は洋室と比較して和室はよりリラックスできることを知っていました。

もう一つのポイントは、「夢解釈の課程でディスカッションする間、自らの内側に聴き入る」ということです。

夢は完璧には解釈できませんし、何が正しい解釈なのかも結局は分かりません。でも、筆者の経験では、何らかの有益な解釈に出くわした時、夢をみた本人には内側に響く感覚があるのです。

この「内側に響く感覚」は、解釈者と夢をみた人とが同時に感じることが多いです。その性質から、筆者はユングのシンクロニシティの言葉を借りて、「共時感覚（シンクロセンス）」と呼んでいます。

昔から「腑に落ちる」といわれていることと同義だと思います。筆者は、「内側に常に注意を払っていると、どんどんシンクロセンスが開発されてくる」と考えています。

シンクロセンスが開発されることにより、様々な事柄に的確な判断をくだせるようになります。シンクロセンスに基づく判断を「シンクロリーディング」と呼んでいますが、その開発は夢を解釈するに当たっても大きな助けになるでしょう。


（ＥＣＣＪ機関誌ワンネス21号《１９９８年冬号》より）

輪廻転生の真実を探る

●はじめに

私達は死んでしまったらもう終わりで、後には何も残らないのでしょうか。それとも私達の生命は永遠で、肉体のなくなった後も霊的存在として死後の世界で生き続け、そしてまたこの世に新しい肉体をまとって、戻ってくるのでしょうか。

多くの人たちにとってこれらの話題はとても興味深いものです。このレポートでは筆者が輪廻転生の真実について探求した頃の体験談を中心に、そこから得られた興味深い事例や筆者の気付き、そして私達が輪廻転生とカルマの情報、知識に接する際にどのような点に注意を向けるべきか等の私見をまとめて発表したいと思います。

●前世を探究する方法

眠れる預言者として名高いエドガー・ケイシーは、病気に苦しむ人々をその比類なき正確さをもつ霊的診断で癒したのと同じように、人生上の問題ごとに悩む人にも、その原因を過去生透視で明らかにしています。

『転生の秘密』に代表される、（故）ジナ・サーミナラ女史によるライフリーディングの詳細な分析は、今日のニューエイジャーたちが生まれ変わりを信奉する確かな拠りどころとなっています。

そして、超心理学はその研究で、生まれ変わりの状況証拠ともいうべきものを多数報告しているのも事実です。

果たして生まれ変わりは真実なのでしょうか。筆者もまた輪廻転生について数多くの文献を読みましたが、百聞は一見に如かずといわれるように、真実は自分自身の手で探求し、この目で確かめてみたいと常日頃から考えていました。

前世を知るには二つの方法があります。一つはエドガー・ケイシーのように正確さに定評のあるすぐれたサイキックに透視してもらうこと、もう一つはすぐれた催眠療法家に催眠をかけてもらうことで前世までさかのぼり体験することです。

しかし、どちらの方法にも問題はあります。例えばどんなサイキックにも調子に波があり、常に語ることが正確とは限らないということを考慮しなければなりません。このことはエドガー・ケイシーでさえも例外ではなかったのです。

催眠療法にしても、被暗示性の高低によって催眠状態の深度にかなりの個人差があり、本に書かれているような劇的なケースはほんの僅かであるばかりか、催眠状態に入れない人も数多く存在するのが現状です。私達は過去生情報が正しいかどうかの判断をどこに求めればよいのでしょう。

まずはじめに、セッションを受ける本人が、そのサイキックあるいは催眠療法家を深く信頼していることが大切です。その信頼関係（ラポール）がサイキックの能力を安定させたり、催眠療法家の誘導に反応しやすい状態を作り出すのです。

サイキックからもたらされた情報は盲信せずに、客観的な証拠が出るかどうか、可能な範囲で検証すべきでしょう。

自分自身の瞑想や夢の中で、それらの情報と共通するビジョンがあるかもしれません。あるいは、今までの過去の経験から、それらの情報を肯定するような出来事はなかったでしょうか。これらは生まれ変わりを検証するための調査としては最低限度必要な事柄です。

更なる探求方法としては、能力が安定していると定評のある複数のサイキックから情報を聞き出すことが考えられます。複数のサイキックによってまったく同じ過去生が語られ、交錯する情報が出てきたら、信憑性が高いと判断できるでしょう。

●二人のサイキック

もう10年ほど前になりますが、筆者は二人のサイキックに協力をお願いして、生まれ変わりの真実を探求したことがありました。

サイキックの一人は清島久門さんといって、関西ではその能力に定評のある職業的サイキックで、キュウモンさんという愛称で知られています。エドガー・ケイシーファンでもあり、筆者との出会いは、ケイシーセンター発足のキッカケともなった、第1回AREツアーでした。

帰国後に彼のリーディングを受けた筆者は、それまでの人生の状況を明快に説明する過去生とカルマを示され、驚きと同時に深い感銘を受けました。

もう一人は、当時、東京で精神世界（神道）系の会社に勤めていた筆者の友人、内山敏孝氏の紹介で、太田れい子さん、通称レミさんといわれる女性のサイキックです。

エドガー・ケイシーのリーディングは催眠に似たトランス状態で行われましたが、キュウモンさんとレミさんのリーディングは、ケイシーとは違い、覚醒状態でした。特にレミさんの場合は依頼者のいつも持ち歩いているものを借りて手に持ち、スーッと吐く息と共に音を出して精神を集中し、見えてきたビジョンを語るという、ちょうどサイコメトラーのようなやり方です。

彼女のリーディングにも確かな手ごたえと納得できる要素を見出した筆者は、お二人の予定を確認し、時々、筆者の研究会のためのリーディング枠を空けてもらうことにしました。そしてリーディングに興味のある友人達とその知り合い、縁故を中心にリーディングを受けてもらい、数日中に筆者が本人にインタビューするか、すくなくとも電話をかけました。

もちろんプライベートなこともあるので、すべての内容を話してもらうわけにはいきませんが、差し支えない程度にその内容を教えてもらったのです。約2年の期間に、延べ50人ほどの人たちに話を聞くことができました。この研究でリーディングと過去生についての新たな洞察と理解が得られたと同時に、とても興味深い事例も出てきました。以下に紹介しましょう。

●過去生リーディングの探求

最初に紹介したいのは、筆者の友人で側崎(そばさき)光司さん（仮名）のケースです。彼はレミさんから千年の昔、伊勢神宮の内宮(ないくう)で、日本初の御蔵(みくら)（今でいう倉庫）という建築物の製作にたずさわった職人としての前世を指摘されました。当時の彼はその仕事に精魂を傾けて取り組んだそうです。そしてその思いは今も伊勢神宮の内宮に残っているというのです。

この話を聞いて、彼は遠い過去の説明のつかない体験を思い出したのです。それは小学生の頃、修学旅行で初めて伊勢神宮にお参りしたときのことです。内宮に足を踏み入れたとたん、言いようのない懐かしさがこみ上げてきて、彼の目にはとめどなく涙が溢れ出してきて、どうすることもできなかったというのです。内宮を出てしばらくすると自然に涙は止まったそうですが、何故、そのような感情が湧きあがってきたかはそのときはまったくの謎だったということです。

レミさんからもたらされた情報は、30年前の謎の体験を見事に説明するものでした。その涙は、いにしえの職人が、精魂を込めた仕事場に帰ってきた喜びと懐かしさの涙だったのでしょうか。もちろんレミさんは側崎さんの過去の経験はリーディング前には全く知りませんでしたし、彼自身もレミさんから過去生の話を聞くまでは、忘れていたということです。

側崎さんほど顕著ではなくとも、レミさんとキュウモンさんのリーディングには、過去の経験や本人の思いから、情報が正しいのではないかと思われるケースは、かなりでてきました。ある男性はキュウモンさんに醍醐（だいご）寺（上醍醐（かみだいご））で修行をしていた修験道僧であったといわれましたが、その後、「上醍醐を訪れた時に、たくさんのシンクロニシティが起きて驚かされた」といっています。

また、ある女性は昔からイギリスの国に特別な思いを抱き、これまでにも何度も旅行していましたが、やはりレミさんにイギリスでの数回の過去生を指摘されました。それは魂にとっても喜びに満ちた経験と、幼い子供を亡くすという悲しみの経験を含んでいて、まさに特別な国でした。

余談ですが、この女性の、幼い子供を亡くした過去生は、数ヶ月後に筆者の占星術の師匠に当たる加藤格(かとういたる)さんのホロスコープリーディングで再び語られました。これは筆者に、占星術からも前世やカルマを導き出すことができるのではないかという思いを抱かせました。

キュウモンさんとレミさんのリーディングには、受けた人のほとんどが満足してくれましたが、筆者が二人のサイキックに依頼したのには、前述のように、二人のリーディングに同じ過去生の情報が出てくるのではないかという期待があったからです。

しかしそれを確かめるにはどちらか一人だけではなく、二人からリーディングを受ける人がいなければなりません。残念ながら受ける人のほうにも都合があり、すべての人が二人のリーディングを受けることはできませんでした。

結局、筆者を含め、二人のリーディングを受けることができたのは10名ほどでした。

それでは過去生情報の交錯はあったのでしょうか。少なくとも一人、キュウモンさんとレミさんに同じ過去生が語られた女性がいました。彼女はキュウモンさんに、滅び行く平家一門の姫君であった頃の過去生を示されたのですが、3ヵ月後、まるでキュウモンさんの情報をなぞるかのようなレミリーディングを聞くことになりました。

ということで、情報の交錯はこの1件だけで、筆者にとっては期待はずれでしたが、調査した件数から言うと一般的には多いといえるかもしれません。中には、同じ情報はなかったが過去生の遍歴で非常によく似たテーマや共通のカルマが語られているようで驚かされたという報告もありました。

筆者はキュウモンさんとレミさんに３回ずつリーディングを受けているだけでなく、それ以前にも林陽さんにお願いして、海外でケイシーと同じようにトランス状態でリーディングをするサイキック、マルチ・スラディック女史に遠隔リーディングを受けていましたが、これら７件にも及ぶリーディングで、同じ過去生が語られたことは一度もありませんでした。

このことから、情報の交錯した過去生は、筆者が期待したほど頻繁に出てくるケースではないようです。考えてみると、サイキックにも個性があり、得意分野や不得意分野など、読み取れる領域にも違いがあることがわかります。

例えばキュウモンさんの場合、家族や祖先の思いを読取るのに優れ、それらに関係する過去生やカルマが多く出て来ているように感じられますし、レミさんの場合は魂の喜怒哀楽を表す過去生経験を読取り、導き出すのに長けているように感じられます。

筆者の研究は、決して充分なものとはいえません。調査した件数も少なく、研究と呼ぶにはあまりにもお粗末なものといえるでしょう。しかし多忙な会社勤務などの合間を縫って、当時の環境としては可能な限り精一杯の研究であったと思いますし、筆者の人生観に揺さぶりを与えるには充分なものでした。

これまでは客観的検証という観点から、筆者個人の体験をあえて避けてきましたが、以下に筆者の体験と気付きを、特にキュウモンさんとレミさんのリーディングに焦点を当てて、紙数の関係もありますので一部を発表したいと思います。

●キュウモンリーディングの体験と気付き

筆者はキュウモンさんの3回にわたるリーディングから、数多くの過去生を聞かされました。最も印象深いのは、本稿の冒頭に書いた、これまでの人生の状況を明快に説明する過去生とカルマでした。リーディングによると、筆者は江戸時代の末期に、京都の片田舎、丹波に住む名家の長男であったということです。

その当時、京都の中心地では、今でいう精神世界のような宗教改革の波がおきていて、優れた宗教家が多数輩出していたそうです。筆者はその動きに多大な関心を寄せていたのですが、あるとき、丹波にその宗教家の一人、禅系統の僧がやってきて説法をしたということです。それを聞いた筆者は、その説法にいっぺんに魅了されてしまい、家を継がなければならない立場にありながらも、結局家を捨て、禅僧に弟子入りしてしまったそうです。

家を捨てる前、名家の長男としての責任が重くのしかかり、かなりの葛藤があったのですが、それが今生のカルマとして残り、今生では家の家計を一人で支えなければならない責任を負ったというのです。この過去生の話は、なるほどと納得するほど筆者の人生に深い理解をもたらしました。

筆者が大学1年生の時、家庭内の事情で学費を支払うことができなくなり、筆者はアルバイトをして学費を捻出し、残りのバイト代も家に入れていました。印刷会社に就職した後も、筆者の給料が家の家計を長年支えていたのですが、そのような家庭の事情は、誰にも話したことがなく、キュウモンさんは知る由もないことでした。他にもいくつかの過去生と祖先の思いや祖父と父、母のことを伝えてくれましたが、確認可能な情報は１００パーセント当たっているようでした。

●レミリーディングの体験と気付き

レミさんの最初のセッションで、筆者は魂の遍歴、起源を探求してみようと思い立ちました。過去生をどんどん遡っていくと結局どこに行き着くのか、筆者の魂はどこからやってきたのか。そうして最後に出て来たのは宇宙から地球を眺めている宇宙人の姿でした。

青く綺麗な惑星、地球を見た時、この星の生命として生まれ変わりたいと強く願い、それから地球での転生が始まったというのです。最初の転生では超古代のチリで、前世の記憶を持ち、テレパシーの研究をしていました。

魂の遍歴を探ってみて気付いたのは、それがあまり面白くないということでした。個人的な興味ではじめたことですが、言われた事が真実かどうかは全くわからないし、調査のしようもないことでした。それこそ信じるか信じないかという問題であり、仮に真実であったとしても、筆者が過去生でどこの誰であり、何をしていたかを知ったところでそれが何になるのでしょうか。今生の筆者とどういう関係があるのでしょうか。筆者は自らの過ちに気付き始めていました。

２度目のセッションでは趣向を変えて、当時、身近にいた親しい友人達を15人ほど挙げて、筆者と彼（彼女）らとの過去生でのつながりを探ってみました。最初に気付いたのは、今生の関係と過去生の関係は驚くほど共通しているということでした。レミさんから語られる過去生の関係は、不思議なことに、ほとんどが現在の関係と同じだったのです。

15名のうち5名ほどは筆者の紹介でレミさんのリーディングを受けていましたが、その他の友人はレミさんも会ったことがないのに、何故、彼女に今の関係がわかるのか。語られた内容が真実かどうかはわかりませんが、少なくともこの情報にはサイキックの要素が含まれているようです。二つのケースを挙げてみましょう。

レミさんは筆者が１００年程前にドイツの酒場で、友人小島正和氏（仮名）とビールを飲んでいる姿が見えると語ってくれました。酔い始めた小島氏は陽気で饒舌になり、気軽に筆者に話し掛けているというのですが、その光景は、今の筆者と小島氏との関係そのもので、少しも違いはないのです。しかし小島氏はレミさんの個人セッションを受けており、筆者の知らないところでその関係を話していたとも考えられます。

もう一つのケースは今に至るまで、筆者にとって価値ある有益な情報となりました。筆者は古代ギリシャで、友人城島史郎氏（仮名）と大喧嘩をしており、その光景が語られたのです。レミさんは城島氏とは一度もあったこともありません。幸いにして、筆者と城島氏とは一度も喧嘩した事はなかったのですが、意見の食い違いからたびたび衝突をしていたのです。どちらかが折れなければ、やがて何かで大喧嘩に発展することは充分ありえることでした。「古代ギリシャの過ちを再び繰り返してはならない」という知識は筆者の中で大きな教訓となりました。城島氏は筆者の最も長期に渡る親しい友人として、今でも交流は続いているのです。

その他には、傷つけたり、殺されたりという尋常でないカルマを示された友人もいましたが、それも以前の過去生で解消されていて、今生では全く問題のない友人同士でした。レミさんの口から様々なドラマが語られ、セッション後に全体を見渡してみた時、筆者は深い感慨を覚えずにはいられませんでした。

友人達に対する見方が大きく変わり、彼（彼女）らに対して、より愛情深くなりました。「彼（彼女）らとのつながりは今生だけではなかったのだ。自分は孤独ではない。こんなにもたくさんの仲間達が国や時代を超えて筆者を支え、助け、導いてくれていたのか」と、筆者はこれまでに出会ったソウルメイトたちと、今後出会うであろうソウルメイトたちに深い感謝を捧げずにはいられませんでした。

●生まれ変わりは真実なのか

筆者は今回、二人のサイキックの研究から、「生まれ変わりが真実かもしれない」という根拠となるケース（側崎さんなど）を導き出したといえるでしょう。

また、筆者の受けたリーディング体験とその気づきを発表しましたが、生まれ変わりが果たして真実なのかということについて、考えさせられてしまう重要な発表がまだ残されています。

筆者は複数のサイキックから数多くの過去生を聞かされました。前述のように同じ過去生が語られることはなかったといいましたが、驚くべきことにそれらの過去生には、時代がダブっているものがいくつもあるのです。つまり、これが真実なら筆者は同じ時代に複数存在していたことになってしまうのです。これは爆弾発言でしょうか。以下、このことについて考察してみましょう。

この事実について、最も単純に考察するなら、サイキックの情報には間違いが多く、時代を読取るにしても、語られた過去生もサイキックの想像から生まれた架空のものかもしれません。

実際に数多くの過去生が語られると、側崎さんのようなケースは稀であり、そのほとんどは真実かどうか確かめようもないので、信じるかどうかという問題になってきます。従って時代の重なった過去生情報は、そのどれか一つが真実で、後は間違いなのかもしれません。

しかし、生まれ変わりは、本当は存在しないという考え方もあります。生まれ変わりの状況証拠と思えるケースは事実存在しますが、それらが生まれ変わり以外で説明できるのであれば、生まれ変わりが真実である根拠もまた、なくなってしまいます。

「超ESP仮説」と呼ばれるものもそれに当たるのかもしれませんが、ここでは17世紀に霊界の実相を明らかにした巨人、スウェデンボルグの説を紹介しましょう。

この世の人生は、永遠の生命に備えるために、霊としては一度だけ経験することだそうです。そして人間の身近に存在する霊は、自分のかつて肉体を持って生きていた頃の記憶を語ることがあり、そのとき人間は、それを自らの経験であるかのように思い出したり、追体験したりするので、それを前世の記憶であるかのように受け取ってしまうというのです。

この考え方では、時代の重なった過去生は複数の霊の記憶として説明できます。もし生まれ変わりが真実であるなら、一体何が生まれ変わっているのでしょうか。ケイシーの語る実体とは何なのでしょう。これらについてはっきりとしたことは何一つわかっていないのです。このように考えてくると、輪廻転生が真実かどうかは、今の時点では確定的な証拠はなく、信じるか否か、つまり信仰の問題に終始せざる終えなくなるということでしょうか。

●輪廻転生の知識

私達は輪廻転生とカルマの情報、知識に接する際、どのような点に注意を向けるべきでしょう。

エドガー・ケイシーが、「生かされていない知識は罪である」と語っているように、あなたが過去生でどこの誰で、何をしていたかは重要ではありません。その知識が今生のあなたとどういう関係があるのかが重要なのです。

あなたがこれからの人生を歩むときに、前向きに、建設的に生きることに役立つのなら、お互いをより深い愛情と理解を持って接することができるなら、その知識は有益であり、価値があるといえるでしょう。

これこそ生まれ変わりの情報、知識に接する際の尺度とすべきです。常に自分自身の内側で、このことを問いかけ続けるべきでしょう。生まれ変わりを信じることで、人生の様々な矛盾や不合理が解消されるのは事実ですが、反面、捉え方によっては、魂を堕落させるつまずきの石となる場合もあります。

例えば筆者は知り合いのニューエイジャーの中に、まだ20代であるにもかかわらず今生の人生はすでにあきらめていて、来世に望みを託しているという人を知っています。

また、障害者を見ると、過去生のカルマで今生はそうなっているとして障害者を卑下する人、自分が歴史上の有名人であったと信じることで自尊心を満足させている人、筆者の知る限り、ニューエイジの指導的立場にいる人の中にもこの過ちに陥っている人が見受けられます。

彼らにとっては生まれ変わりを信じることが、囚われとなり、魂の自由を奪う弊害を生み出しています。過去のキリスト教で輪廻転生とカルマの思想が教義からはずされたというのも納得できることです。

彼らにとっては今もキリスト教の教義で語られているように、人生は一回のみと信じたほうが、より前向きに生きられるのではないでしょうか。少なくとも信仰深いクリスチャンの中には、彼らよりも前向きで建設的に人生を歩んでいる人がたくさんいます。

聖書にはこのように書かれています。「あなた方は真理を知るであろう。真理はあなた方を自由にするであろう」と……。輪廻転生の知識があなたを自由にしたならば、これは真理なのです。

●「内なる宝庫を開く」イベント開催

筆者は１９９４年４月24日に、これまでの研究の総決算として、キュウモンさんとレミさんのお二人をコラボするイベントを主宰しました。題して「内なる宝庫を開く―サイキックリーディングの世界―」。

イベントではキュウモンさんとレミさんを紹介し、初めに、お二人のセミナーがありました。セミナーの後は、参加者の中から抽選でお二人の公開リーディングを受けてもらったり、僕がコーディネーターを務めてお二人に対談をしてもらったりと、興味津々で盛り沢山な内容でした。

イベント終了時に、キュウモンさんから加藤格さんを紹介されました。その後新たに、筆者は加藤格さんを師匠として、占星術の探求を始めることになるのです。

●更なる探求は続く……

最近、飯田史彦教授やブライアン・L・ワイス博士の著書などで、前世を知るもう一つの方法「催眠療法」が話題になっています。最近のブームは、かつての「ブライディ・マーフィー事件」を想起させます（『第二の記憶―前世を語る女ブライディ・マーフィ』（モーレー・バーンスティン著、万沢遼訳）。

催眠状態で前世のようなビジョンを見ても、それが真実かどうかはわかりませんが、それを知ることによって、恐怖症などの心理的な障害が癒されているのは事実のようです。中には不治の病でさえも癒されたという報告もあるようです。

前世療法を取り入れている催眠療法家にとって、輪廻転生が真実かどうかは全く問題ではなく、催眠療法を通して患者さんが癒されているという事実のみを重視して、施術をしている人が多いようです。

筆者は数年前より、催眠療法家として関西で20年の臨床経験を持つ加藤高教さんと知り合い、催眠療法の基礎を教えてもらったり、ケイシー生誕祭に講師としてお招きするなどの交流を持っていました。つい最近ですが、加藤さんの前世療法を受ける機会があったのです。筆者としては久しぶりの前世探求でした。

2時間に渡るセッションで、出てきたのは、なんと、かつてキュウモンリーディングで語られた前世だったのです。15歳の丹波の少年、光吉が禅僧の説法を聞きに行く場面。18歳で家を捨てて出て行き、後に禅僧として生涯を追えるまでのビジョンが催眠状態で出て来たのです。

キュウモンさんの情報に基づいた、筆者のファンタジーかも知れませんが、キュウモンさんの情報を補足し、今の筆者にとって必要な情報が示されているようでした。高校生のときの至高体験は、禅僧のときの悟りが今生に現れてきたものかもしれません。以前、無名の霊能者に江戸末期に京都で坊さんであったといわれたことと、キュウモンリーディングがつながってきました。あれは同じ生涯が語られていたのでしょうか。

禅僧としての生涯を終えたとき、光の存在が現れました。「僕の人生の目的はなんですか」と問いかけると、光の存在は答えました。「新しい時代の知識を伝達すること」。

筆者の探求は今も続いています。このレポートは、読者の皆さんに、新しい時代の知識を伝達するのにお役に立てたでしょうか。ここまで筆者の拙い文章を読んでくださった皆さんに、深く感謝します。

（ＥＣＣＪ機関誌『ワンネス』34号《２００３年秋号》より）

占星術開眼

●開眼前夜

占星術とは、一般的には、地球を中心にして個人の生まれた瞬間の太陽と月、その他８つの惑星の配置や角度を正確に記入した天球図（ホロスコープ）を作成し、それに基づいて個人の性格や運命を判断するものです。それがどこまで信頼できるものかについては、筆者は長い間疑問を抱いていました。

占星術の批判でよく聞くことに、双生児の問題があります。多くの双生児が全く同じホロスコープを持ちながら、異なった人生を歩んだケースが報告されています。また『告白録』の中で「聖アウグスティヌスは、大金持ちの地主とそこに働く奴隷とが、全く同じ時刻に生まれたことを知り、占星学を信じることをやめてしまった」と書かれています。筆者もまた、このような批判的立場を支持していました。

筆者は、眠れる預言者として名高いエドガー・ケイシーを、永年にわたって研究し、啓蒙活動を行ってきました。彼の残したリーディングの中に、占星術についての言及が多く、また惑星間滞在といった興味深い思想があることも、以前から知っていました。

ところが、本格的に占星術の探究に乗り出す気にはなれませんでした。

それは筆者のリーディングと占星術に対しての無理解が影響していたようです。リーディングは次のように語っています。

「人間の傾向は、彼がその元に生まれた惑星群によって支配される。だが、ここで理解されなければならないことがある。どの惑星の作用といえども、太陽、月、何らかの天体の相といえども、人の意志力の支配まで越えることはない。（リーディングNo.３７４４—３）」

従って傾向に過ぎない惑星の影響力を研究するよりも、意志の力で人生を切り開いていくほうが重要であると筆者は考えていたのです。しかし一つの驚異的な体験が、今までの見解を一変させることになるのです。それは一人のすぐれた占星学者との出会いから始まりました。

●驚異の体験

筆者が占星術の探究を始めたのは、今から４年前の１９９４年５月にさかのぼります。当時、サイキックリーディングの探究をしていた過程で、占星家、加藤格（いたる）氏と出会いました。彼はコンピューターエンジニアとしての仕事をしながら8年もの間、パソコン占星学の探究を続けてきました。その頃彼は仕事を退職し、占星家としての新たなスタートを切ろうとしていたのです。7月から占星術のセミナーを開催する予定で、その準備を兼ねた研究会に興味のある友人を連れてきてもらえないかという依頼が筆者にきました。こうして何人もの友人を加藤氏に紹介することになり、同時に筆者は彼の占星リーディングを身近に聞く機会を得たのです。

一人目の友人を紹介した時、その性格や人生の傾向などをかなり的確に読んでいるのを見て、筆者も占星術への関心が高まるのを感じました。特に注目したのは、友人の過去に起きた重大事件を、その起きた日時を聞いただけで推測して当ててしまうということを、何度もやったことです。

次に、二人目の友人鹿島満氏を連れて行った時、筆者の驚きは決定的になります。

鹿島氏は生年月日だけしか分からず、出生時刻が分からなかったので、加藤氏の提案で実験が行われました。最初に電話で母親に出生時刻を確認してもらい、それを伏せておいて、友人の過去に起きた重大事件の日付と、性格についての質疑応答が行われたのです。

約1時間ほどの質疑応答で、加藤氏は友人の出生時刻を1分の狂いもなく当ててしまったのです。1日を1分で割ると１４４０分。質問の中には「出生時刻が午前か午後か」というものが含まれていましたので、当てたのは実に７２０分の1の確率になります。

ここに至って、筆者は占星術への今までの認識を改めざるを得なくなりました。占星術には何らかの法則性があり、その法則に基づいて人生上の様々な出来事が起きるのではないかと……。

●占星術探究

その後も筆者は加藤氏のリーディングを調査しました。連日のように友人を連れていってはリーディングを聴き、帰りには喫茶店で友人にインタビューをする。自分自身も受けてみて、過去の出来事に照らし合わせてみたり、時には加藤氏を質問責めにするなど、準備期間として設定された2ヶ月間をフルに活用して探究しました。

占星術についての見識を深めるために、古本屋などで買い集めた文献は、あっという間に30冊を越えました。今にして思えば、会社勤務が多忙であるにも関わらず、この時期の筆者の占星術への熱の入れ方は普通ではなかったと思います。当然の如く、占星術への理解も飛躍的に高まりました。

この時期のもう一つの興味深い実例は、筆者の旧知の女友達を連れて行ったときに起きました。

加藤氏は彼女のホロスコープを見て、総体的な解読の後、過去生とカルマについて語り始めたのです。それによると彼女は過去生で溺愛していた子供を事故でなくしたことがあり、そのときの大きな悲しみが魂の傷として残り、今生に大きな影響を与えているというのです。彼女はちょうど4ヶ月前に、筆者の推薦したサイキック・リーディングを受けていたのですが、19世紀初頭、イギリスに生きていた時の生涯で、全く同じ体験が語られていたのです。

ここで筆者はサイキック・リーディングと占星リーディングの興味深い一致をみたのですが、これは何を意味するのでしょうか？　ホロスコープを見ていく過程で、過去生やカルマについても知ることができるのでしょうか？　思えばエドガー・ケイシーのライフリーディングも、ラマーズがホロスコープの解釈を依頼したことが発端となっています。

２ヶ月間に及ぶ準備期間が終わる頃には、筆者の占星術についての認識は１８０度、というより３６０度変わっていました。加藤氏が正規にセミナーを開催する頃になってパソコンを購入、筆者は第１号の受講生になりました。以来今まで占星術の探究を続けてきたのですが、ケイシーがリーディングで語っているようにそれは大変価値のあることでした。

多かれ少なかれ、誰もが惑星の影響を宇宙の法則として受けていること、それが潜在的な衝動として人生の様々な出来事に反映されていること。確かにそれらは傾向に過ぎず、意志力こそが何にも増して重要なのですが、「人生の中にちりばめられた標識や印、傾向を知ることは、それを全く知らないよりは、はるかに価値があり、重要である」ということを、筆者はもっと早く認識すべきでした。

様々な人のホロスコープをみていると、人は生まれる前に、これからどのような人生を歩み、どのような経験を積んで魂を成長させて行くのか、だいたいの大筋を決めて生まれてきているような気がしてなりません。それらの出来事の中で、意志の力を建設的に用いるか破壊的に用いるかが、人生におけるレッスンとして定められているのです。星の影響力もポジティブに用いるかネガティブに用いるかによって人生は変わってきます。これをリーディングは星の行動範囲といっているのでしょう。

占星術で作成するホロスコープは人生における航海図であり、魂を映し出す鏡です。ある意味アカシックレコードを占星記号で表したものかもしれません。従って、ホロスコープを読む技術を身に付けても、他者を見るよりも自分自身をじっくりとみていくことのほうが大切です。それによって自らの魂をより深く理解できるからです。意志の力と惑星の影響力をどのように活用していけばよいのか、筆者が行った占星リーディングの実例を元に解説しましょう。

●導きとなる意志

ある夜遅くに知り合いの女の子から電話がありました。彼女は「これから3か月ほどで、今住んでいる場所から別のところに引っ越したい」と言ってきました。「物件探しなどの活動は全く行っていないし、条件にあった場所が見つかるかも不安なので、ホロスコープで観て欲しい」という依頼でした。

何らかの活動や行動を起こす時は火星、契約ごとや何かの情報を得るには水星を観ます。「次の土曜日か日曜日が活動をはじめるのに最適な時で、それから40日ほどたった○月○日の昼頃、条件に合った物件を見つけて契約できる」と判断しました。

次の日曜日は筆者も予定が空いていたので、彼女の活動を手伝うと同時に、占星術によるさらに細かいアドバイスも行いました。彼女はその後も不動産会社を何軒か廻って条件に合う物件を探したのですが、なかなか見つからなかったのです。いつの間にか筆者も予言の日のことは忘れていたのですが、その日の昼頃、不動産会社から彼女の会社に連絡が入り、彼女の希望する物件が見つかったのです。決め手となったのは筆者が活動するように指示した日に訪問した不動産会社でした。

話を聴いた筆者は、自分で予言しながらもその結果を信じられない気持ちでした。しかし考えてみれば彼女には「引越しをしたい」という意志があり、それに基づいて行動して結果を得たということにほかなりません。占星術の果たした役割は行動のタイミングや結果の出る時期、いわば標識を示したに過ぎないのです。

彼女に意志がなければ、時期を示しても活動はしなかったでしょう。逆に標識に基づいて自らの意志を決めようとするのも誤ったアプローチの仕方だといえます。現代において占い文化の与える弊害は、このようなところからも来ているのではないでしょうか。占星術を道具として、人生上の様々な判断に用いる時、我々は先ず「自分自身がどうありたいのか」という意志を持つべきなのです。さらにそれが霊的理想に基づくものであれば、占星術の情報はより有益で価値あるものとなるでしょう。

（ＥＣＣＪ機関誌ワンネス21号《1998年夏号》より）

地震と予知について

●中村和尚の予言と日本古来の災難予知術

先日、新潟でマグニチュード6.8の巨大地震が起き、近年の阪神大震災以来の大きな被害をもたらしました。この地震は「平成16年新潟中越地震」と名づけられ、被災地では今でも余震が続き、約9万人もの人々が先行きの不安を抱えながら避難生活をしています。今年の日本は真夏の酷暑と台風による洪水、そして今回の地震による被害など、記録的な自然災害に見舞われています。被害に会われた方々には、この誌面をお借りして心よりお見舞い申し上げます。

今回の新潟ほどでないにしても、関西でも9月5日に午後7時過ぎと夜中12時前の2度にわたる地震があり、筆者の周りの人たちも揺れ始めには阪神大震災を思い出し、恐怖を感じたと語っています。筆者は9月1日に、友人の藤本実氏の講演で、近じか大きな地震が来るという話を聞いていたので、すぐにそのことを思い出しました。

藤本氏の話によると、神戸市北区の道場町にある鏑射寺の住職、中村和尚が8月22日の法話で、「近じか大きな地震が起こります。8月中は抑えることができても9月以降になると抑えるのは難しい、皆さんも注意してください」と語っていたそうです。中村和尚は阪神大震災を予言したことでも知られていますが、今後の発言が注目されています。

筆者の知り合いで平成7年の阪神大震災を予言していた人はもうひとりいます。著名な超心理学研究家の井村宏次氏です。井村氏が有識者に出した平成7年の年賀状には、ナマズの絵と共に、「ナマズ様おしずかに!!」という言葉が添えられ、年明け早々のセミナーでも、地震が予言されていました。筆者は以前の阪神大震災時には占星術の探究を初めて1年ほど経ったころでしたので、はじめの地震の予知はできなかったのですが、その後の大きな余震を占星術で予測してみようと試みました。過去の大きな地震のデータを占星術のソフトに収め、地震のホロスコープの中に共通性を見出すことで、震災後の大きな余震の日時を割り出そうとしたのです。

そして予測した日時を広く発表したのですが、その日には地震は起きず、結局、多くの人に御迷惑をかける結果となったので、以後、占星術で地震を見ることは自粛しています。このときにわかったことは、地震が起きた瞬間は決まって占星術でいうTスクエアなど特殊な凶座相になっていることでした。しかし凶座相になっているときに必ず地震が起きているわけではなく、その判断は確率の問題になってしまいます。

井村氏によると、大地震などの自然災害を事前に察知するのに最も頼りになるのは、やはり人間が本来持っているサイキック能力だというのです。人間は、誰もが潜在的に予知能力を持っていることは超心理学で証明されています。中村和尚や井村氏のようにはっきりと予言できなくても、自然界の動物が身近に起こる危険を察知して異常な行動をとるように、人間も意識に上らなくとも、無意識に脈の乱れなどの変調を体に起こしているものです。日本に古くから伝わる「三脈の法」という災難予知術は、この脈の乱れを見ることによって24時間前に身の危険を察知する方法です。以下、三脈の法について書かれた文献から引用してみましょう。

それは、まず左の手を左右の下あご隅の奥歯の下にあてて動脈を見る。すると指先にズキンズキンと動脈の波動を感ずるはずである。これと同時に右手の指先で左腕の手首の親指側にある脈を見る。これもズキンズキンと脈動がある。たいていの場合は左右の手の指先に感じられる脈が一致しているものなのだが、もし、その脈が右の手先に感じたものが早かったり、あごに当てている左の手先に感じるものが遅かったりする場合には、24時間以内に生命について危険があるものと判断してよい。本人がその場所にずっといる予定であったら、すみやかにその場所を去らなければ危険である。もしよそへ行くつもりであったら、そこへ行くと危険に会うことになるだろう。その場に慎重を期し、又は、少し場所を別な方に構えて、前のように三脈の法をやってみて、脈が左右に一致したらもはや危険は去ったものとみてよい。

（『あなたにもできる大地震予知法』木越保光、たま出版）

三脈の法は誰にでも簡単な練習でできるようになります。皆さんも是非試してみてはいかがでし

あなたにもできる
大地震予知法
木越保光
生理学的な人間の予知本能
予知本能は間脳視床下部を通して人相として表われる。これをシステム化することによって地域全体が大地震から救われる。宿命的災害の回避

よう。

●ケイシー予言の様々な見解を紹介する

エドガー・ケイシーは、リーディング№３９７６―１５で大規模な世界的地殻変動の予言を展開しています。その最も有名な一節では、日本の沈没も予言されています。以下は抜粋です。

物理的変化について、再び語ろう。地表は、アメリカの西部で分断される。日本のより大きな部分は海中に没するに違いない。北ヨーロッパは瞬く間に様相を一変するであろう。アメリカ東海岸沖に陸地が出現するであろう。南北両極に異変が起き、それが熱帯地方の火山活動を早め、両極の移動を起こす結果となるだろう。そのため、これまで寒帯、亜熱帯だった地域は熱帯化し始め、コケやシダが繁茂するようになる。これらは１９５８年から１９９８年までの期間に始まり、この期間は〝主の光が再び雲間に見られる時代〟と広く謳われるようになろう。その時と季節と場所については、神の御名を呼び求めてきた者たち、神の召命と選びに預かる印を体に受けた人々にのみそれは知らされるであろう。

このリーディングは１９３４年1月１９日に、ニューヨークで、出席者の求めに応じて口述されたものです。その内容については研究家の間でも意見に違いがあり、これまでにも様々な解釈が発表されてきました。そのいくつかを上げてみましょう。

まず第1に、文字どおりに解釈して1998年が過ぎているから、この予言は外れているのだという見解。これはもちろんケイシーに否定的な人の典型的な見解ですが、違う意味で熱心な信仰家も同じ見解をもつことがあります。神への深い信仰と日々の絶えざる祈りによって、神の恩寵により予言は外されたのだということです。白光真宏会をはじめとする世界平和を祈る人々は来るべき大きな災害は、平和を祈ることによって現実となる前に小さくなったり、消えていくものだという思想が背景にあり、そこから導き出された見解です。これらの人々は大難を小難に、さらに無難に変えるため、今も祈りつづけています。

第2にサイキックが未来を予言する時には実際よりも誇張されてビジョンをみることが多いので、この予言はすでに当たっているが、実際は小規模なものであったという超心理研究家に多くみられる見解です。ケイシーと同じようにトランス状態でリーディングをするサイキック、アロン・アブラハムセンは、かつて日本沈没は1995年に起こると予言していましたが、その年に起きたのは阪神大震災でした。ケイシーがそうであったかどうかはわかりませんが、アブラハムセンはこのケースであったかも知れません。筆者は井村宏次氏からもこのような意見を聞いたことがあります。

第3に、これは文字どおりの意味ではなく、象徴的に解釈して日本の経済的な沈没を意味しているという見解です。作家の五島勉氏は、この説でリーディングのほんの一部の言葉のみを取り上げて解説した本を書いて、ベストセラーになりましたが、ケイシーを古くから研究しているものにとっては矛盾が多く、とても受け入れることはできない内容です。五島氏とは別の視点から同じ見解を発表しているケイシー研究家もいますが、筆者は、文章のはじめに「物理的変化について、再び語ろう」とあるので、これを経済的変動を予言したものと読むには無理があると思います。

第４に、リーディングには「１９５８年から１９９８年の期間に始まる」とあるので、世界的な地殻変動はこれから始まり、１００年以上にもわたる大きな地球の変動を予言しているのだという見解もあります。エドガー・ケイシーは夢の中で、２１５８年に転生した少年として、瓦礫の山から再建されつつあるニューヨークをみているという場面があります。この夢は後のリーディングで予言的な意味があることが指摘されています。林陽氏もこの説で本を書いています。

第５にこれはハラリエルという天使によって語られたものでケイシーのリーディングの中では異質な部類に属していて、人類が改心しなければ、このような最悪の事態を招くという警告を含む教訓的な啓示であり、当たり、はずれは問題ではないとする見解もあります。

さて皆さんはどの見解に賛成されるでしょうか？　筆者は第３の見解以外はすべて賛成で、複数の見解がリーディングには反映されていると考えていますが、大筋においては第一の見解、すなわち、ケイシー予言は外れたのだと考えています。これには更に深くリーディングで語られていることを読み解いていく必要があります。

●ケイシー予言の検証

エドガー・ケイシーの予言を検証するためには、まず始めに、彼自身が予言について、どのように考えていたのかを知る必要があります。代表的な二つの伝記から、その部分を引用してみましょう。

「ケイシーはときどき、絶対的な予言というものはありそうもないと言明した。というのは、予言は人間の自由意志と祈祷者の力とを考慮に入れておらず、彼は、意識の上ではこのどちらもあると信じていた。こういう時彼は、何事も予め運命づけられているということはなく、可能性としてあるのだということを強調した」〈『超人ケイシーの秘密　上巻』P.157〉

「予言については、未来の成り行きは人間の自由意志にかかっているから、予言が外れないということはめったにないという警告が幾度も現われた。」（『奇蹟の人』）

これらのことは彼のリーディングにも現われています。エドガー・ケイシーの外れた予言として、よく取り上げられるリーディングの一部を見てみましょう。１９３３年2月、彼はサンフランシスコの変動について予言しています。

問「１９３６年に生じる大地の変動は、サンフランシスコに対し、あの１９０６年のような影響を及ぼすでしょうか？」

答「1936年に起こることに比べれば、それなどは赤子のようなものだろう。」（リーディングNo.270―30）

1906年のサンフランシスコ大地震はマグネチュード8.3という非常に大きな地震であり、それが赤子のようなものと表現されていることからも、1936年に予言された地震の規模がどれほど大きなものであったかが想像されます。

しかしこの予言の1年4ヶ月後、1934年6月の同一人物による質問に対して、ケイシーの答は幾分変わってきているのです。

問「1936年にあるといわれる地球の異変は、その詳細に至るまできっちりと決まっているのでしょうか？そうであれば西海岸のうち影響を受ける部分について概説し、併せてこの破局の期間中及び破局後に実施すべき善後策があれば教えてください？」

答「……天変地異は全て、こういった現象活動について常にそうであるように、そのような活動の場にいる者、あるいはその活動の場における必要条件、願望、必要に対して態度を保つ個人あるいはグループに左右されるものである。当然起きるべきもの、また起こるであろうものについては、いわば書き込まれているが、しかし現在のところ、はっきりした日時については与えられない」

（リーディングNo.２７０―３２）

このリーディングでは、地震の発生がそこで生活する人々の態度に大きく左右されるという説明が為され、大地震のはっきりとした日時については与えられないという曖昧な表現に変わってきているのです。そして１９３６年1月、予言されていた年の始めのリーディングでは当初の予言は大きく変更された形で語られました。

問「……サンフランシスコは今年、壊滅的な目にあうのでしょうか。そうだとしたら、そこに守るべき妻や財産を持つこの者のために、その破局の日時と必要な情報を与えてください」
答「……我々の見るところ、これまで感得されてきた大きな物質的ダメージを、今年この地域（サンフランシスコ）が被ることはないだろう……」（リーディングNo.２７０―３５）

これら一連のリーディングから、予言された日時が近づくにつれて、その内容が修正され、変わってきていることがわかります。そして現実でも１９３６年にサンフランシスコ大地震は起きませんでした。

日本沈没を含む世界的な地殻変動の予言が１９３４年1月に為されたものであることを考えた時、ケイシー自身が１９４５年になくなっている今、この予言については、前記のようなチェックリーディングがなされていないことを考慮すべきでしょう。現実には1998までに予言は実現していません。サンフランシスコに地震が起きなかったように、ケイシーの予言は外れたのかもしれません。ケイシーが語るように未来の成り行きが、人間の自由意志や祈祷者の力、そこで生活する人々の態度などに大きく左右されるものならば、予言は私達と独立して存在しているものではないことがわかります。この世界を戦乱と混迷の世の中にするのか、希望に満ちた平和な世の中にするのかは、現代を生きる一人一人の責任なのです。このことこそ、破滅の予言から人類が学ぶべき最も大切な教訓なのではないでしょうか。

●「日本滅亡大予言」山﨑恵嗣師の思い出

1987年3月、筆者がアクエリアンフェスティバルの準備で、参加グループを呼びかけていた頃、奈良のあやめ池の近くに、ある国際宇宙意識協会を訪問しました。主宰者の山﨑恵嗣師は画家でラージャヨガの修行者でした。ラージャヨガはインドの聖者、スワミ・ヨーゲシヴァラナンダ師に師事していました。この聖者については、たま出版から『魂の科学』という邦訳本があったので筆者も名前ぐらいは知っていま

したが、その訳者と山﨑師は同門だということでした。

筆者と山﨑師は、お互いインドの大聖者、ラーマクリシュナを敬愛するなど共通の話題も多く、会ったその日に意気投合し、夜遅くまで語り合いました。その後も何度も彼の家を訪問し、徹夜で語り合うなど、筆者と山﨑師の友好関係は日毎に深まっていきました。彼はそれまでにも多くの予言を雑誌などに発表して的中させるなど、予言者としても世間に知られつつありました。そして彼はすでに日本が地殻変動で沈没するのは避けられないことを予知しており、中国の予言書、推背図(すいはいず)や潘氏滂喜齋繪本(はんしぼうきさいえほん)などにも共通の予言が記されていることを明かした本を書いて、世の中に警鐘を鳴らしたいと考えていました。彼は書くということに特別な思い入れを持っていました。ヨーゲシヴァラナンダ師が亡くなる時、日本に散在していた弟子達の夢枕に同時に立ち、それぞれ違うメッセージを伝えたそうです。彼へのメッセージは「書けよ、書けよ」でした。

驚いたことに彼は、インドのことはよく知っていましたが、エドガー・ケイシーのことはほとんど知りませんでした。アメリカの国家的予言者による共通の予言を知った彼は、より一層の使命感を抱くようになりました。筆者と会った時には本の原稿はほとんど出来上がっていたのですが、筆者と歓談する中で得た興味深いエピソードも本に掲載するなどの修正を加え、出版社の変更もあり、約1年の紆余曲折を経て「日本滅亡大予言」という題名で出版されることになりました。

筆者が、お祝いに訪問した時、彼はすでに2冊目の本の執筆に着手していました。2冊目の本は日本人を助けるための計画書で、題名は『日本民族大移動』にしたいと語っていました。そして

「今後は日本各地で警鐘を鳴らすために講演をして廻りたい」という意向を発表し、「是非その活動に協力してもらいたい」と依頼を受けました。筆者はもちろん快諾し、できる限りの協力を約束しました。

そして一般書店にも本が出廻り始めた頃、１９８８年5月22日（日）に筆者の主宰で山﨑恵嗣師の出版記念講演会が開催されました。その日はあいにく大雨となったこともあり、参加者は10名ほどで少なかったのですが、山﨑師ははじめての講演にとても喜んでくれました。そしてまたの再会を約束し、固く握手して分かれたのでした。しかしそれが、山﨑恵嗣師と筆者との今生での最後の別れになってしまうとは、そのときの筆者は知る由もありませんでした。

講演会から8日後の5月30日（月）の朝、筆者が通勤のため、家を出ようとしていた時に、突然、電話の音が鳴り響きました。それは山﨑恵嗣師の奥さんからの訃報でした。山﨑師が急性の心筋梗塞による心不全で前日に亡くなったというのです。

筆者は一瞬、ショックで呆然と立ち尽くしました。その日は上司に事情を話して会社を定時で帰らしてもらい、その足で彼のお通夜に出席しました。筆者が山﨑師に紹介し、一緒に語り合った2人の友人も来ていたので、お通夜を出た後、友人の家に3人で集まり、徹夜で山﨑師との思い出を語り合いました。友人のひとりが故人の処女作にして遺作となった著書『日本滅亡大予言』をパラパラとめくりながら、急にアッと驚きの声を上げたのです。本の初版発行日が5月29日、つまり命日の日付になっていたのです。

筆者は、それ以前にも大地震や破滅の予言をした人が、その日には何も起きなかったが、何故か同じ日に突然の病気や事故で亡くなったという事例がいくつもあることを本で読んで知っていましたが、身近な友人を失うという痛みを通して、その事例を体験することになるとは思ってても見ませんでした。

これはどのように解釈すればいいのでしょうか。彼の見ていた日本滅亡のビジョンとは、自らの体内における破滅的変化（病魔の進行）の象徴だったのでしょうか。

ある人は、「彼の本を読んだ多くの人がネガティブな印象を受けたために、その思いが無意識の領域でつながっている著者のもとに記載された発行日にいっぺんに戻ってきたために、それが彼を死に至らしめたのだ」と考えました。そのほかにも仮説はありますが、どれも推測に過ぎず、真実はわかりません。はっきりしているのは、山﨑恵嗣師が亡くなったという現実です。

●大地震予言騒動の真実

筆者がまだ高校生だった頃、ある大阪の宗教団体の教祖が、その信者さんたちを使って、町にチラシを撒いたことで、大きな騒ぎに発展したことがありました。チラシの内容は何月何日に大地震が起き、都市が壊滅的な被害を受けるので、一刻も早く安全な場所に避難するように呼びかけたものでした。その宗教団体の名は「一元の宮」、予言の主は元木という教祖でした。結局予言された日時には地震は起きず、立場が立たなくなった元木教祖はその責任を取って割腹自殺を図ったというのです。

幸い教祖は一命を取り留めましたが、テレビや新聞、雑誌などがその話題を取り上げ、当時は大きな騒ぎになっていました。筆者もテレビを見ていましたが、チラシを撒かれた一般市民がテレビのインタビューに答えている場面を今も記憶しています。「なんと人騒がせなことをするんだ」、「私は初めから信じていませんでしたよ」、「迷惑ですよね〜、こんなの‼」とその教団を批判する声が多かったようです。筆者もチラシを配られていたわけでもないので、テレビや雑誌など、マスコミで報道されていることをそのまま鵜呑みにしていました。しかし筆者は数年後、マスコミ報道とは全く違う真実を知らされるのです。

大地震が起きるという神のお告げを聞いた元木教祖は、信者さんたちを集めて、これから被災するであろうたくさんの人々を助けるため、まずはそのことを知らせるチラシを広く配付しました。そして安全な場所に避難所を作り、信者さんたちをグループに分けて、被災者への救済活動ができるように準備させました。地震の後にはたくさんのけが人や家をなくした人たちが出る。寝る場所もいるだろうし、食料も足りなくなるだろう。元木教祖は大地震に備えて、考えられる精一杯の準備をし、最後にひとり、神殿にこもったというのです。

「神様、どうか地震を起こさせないで下さい。もしお怒りを静め、地震を止めてくださるのなら、私の命を捧げます。私の命と引き換えにどうか地震を止めてください」

元木教祖は一心不乱に予言された地震の時刻まで祈りつづけたそうです。時刻が過ぎ、地震が起きなかったことを確認した元木教祖は、神に感謝の祈りを捧げました。

「神様、私の祈りをお聞き届けてくださり、ありがとうございます。約束どおり私の命を捧げます」

そう言って割腹自殺を図ったそうです。

確かに予言は外れました。しかし予言をした元木教祖がその後に取った行動は、宗教者として、模範とすべきものではないでしょうか？　少なくとも彼は予言に命をかけました。予言が実現すると多くの悲劇が生まれる。だから実現しないようにと命がけで祈ったのです。真相を知っていれば、誰が彼を責められたでしょうか。この事件の後、信者さんで元木教祖の元を離れたものは誰一人としていなかったそうです。

もしかしたら、そのとき地震は起きていたのかもしれません。元木教祖の命がけの祈りが神に届いたため、地震は起きなかったのかもしれないのです。真実は誰にもわかりません。一新興宗教、教祖の人騒がせな狂言と報道された事件の裏には、教祖の命がけの働きがあったのです。

筆者が阪神大震災の後に、占星術で余震を予言した時は、予言が外れ、身近な人の多くに御迷惑をかけてしまいました。もちろん筆者は気楽に興味本位で予言したわけではありません。予め予言することでたくさんの人が助かるようにという願いがありました。しかし元木教祖のように命をかけていたわけではありません。予言が外れた時、恥ずかしい思いがしました。予言することの責任の重さを痛感した時、我々は、破滅の予言を軽々しく口にすべきではないと実感しました。

人間は必ず死にます。この予言は１００パーセントあたるでしょう。地震や天災で死ぬのか、交通事故か病気か、早く死ぬか遅く死ぬかは分かりません。我々は、気楽に死について語るとき、自分が死ぬということを深く考えていないことに気づきます。

「人間は死ぬ」とか「人類は滅亡する」と語る時、その中に、「でも自分は死なない、自分は人間や人類に含まれない」という意識がどこかにないでしょうか。こういう人たちは死がやってきた時、自分も死ぬのだと恐れの中ではじめて気づくのです。

生きることとは何か、そして死ぬこととは……。真剣に真正面から自分自身に問いかけ続ける人は、やがて永遠の生命に気づくときが来るでしょう。肉体の死は生命の終わりではありません。筆者は高校時代の至高体験の時に、それを実感しました。

だらけた日常生活をおくる中で、ときどき、フラッシュバックのように至高体験の記憶が蘇ることがあります。そのたびにどんな人生にも深い意味があるんだと思い出させてくれます。

筆者は人類滅亡とか破滅の予言に思いをはせる時、予言で語られているような天地がひっくり返ることは充分起こりえると思います。そしてそれが現実になる時、たった一つ願うことは、いつ肉体の死が訪れようとも、永遠の生命に恥じ入るような生涯は送りたくないということです。常に前向きに生きていきたいと思います。（「一元の宮」の逸話は、以前ある人から聞いた話を思い出して書いたもので、正確でないかもしれません。御了承ください）

（ＴＬＤ機関紙和気愛会《２００４年11月~翌３月》より）

眠れる賢人の占星術を探求する―エドガー・ケイシー占星術の黎明―

●エドガー・ケイシーと占星術―その背景―

エドガー・ケイシーはしばしば「眠れる賢人」と呼ばれました。彼は催眠に似たトランス状態になると、宇宙のありとあらゆる知識に通じただけでなく、すべてを見通す千里眼となって、その観点から様々な質問に答えたからです。

その才能が発見された１９０１年から１９２３年までは、ほとんどが病気に苦しむ人々に対する原因や治療法について口述するフィジカルリーディングでしたが、１９２３年以降、アーサー・ラマーズとの出会いが発端となり、人生の諸問題に前世からの情報を透視して回答を与えるライフリーディングが語られるようになりました。

フィジカルリーディングが依頼者の体の状態を驚くほどの正確さで透視していたことを考えると、検証の難しい前世情報を含むライフリーディングにも、同等に高い信頼性があると見るべきでしょう。そしてライフリーディングには、依頼者の前世の情報に加えて、そのほとんどに惑星の占星学的影響についての言及が含まれているのです。フィジカルリーディングで、医学の専門的知識に通じ、覚醒時には知るはずもない、医学の専門用語を駆使していた眠れる賢人は、当然ライフリーディングを語る時にも占星術の専門的知識に通じていました。

エドガー・ケイシーの伝記を読むと、彼と占星術との出会いが、ライフリーディングの発端となる1923年より、5年前に遡ることがわかります。1918年末、テキサス州クレバーンの新聞編集者から、エドガー・ケイシーに一通の手紙が送られてきました。その手紙は医療リーディングを求めるものでしたが、内容が緊急を要するものではなかったため、当時リーディングを本当に必要な人にのみ与えていたケイシーは、その旨を手紙に書いて送りました。

しかしその後彼（新聞編集者）とケイシーは文通するようになり、彼が占星学の熱烈な支持者であることがわかりました。彼は文通によりケイシーの正確な誕生日時を知り、世界各地の21人の占星術師にケイシーのホロスコープを作成させました。その鑑定はほとんどが一致しており、ケイシーの性格等もピタリと当たっていたので、それまで占星学を信じていなかったケイシーを驚嘆させました。

鑑定の中で占星術師はそろって一つのことを書いていました。それは「1919年3月19日午後8時半から11時までの間に起こる惑星の短いコンジャンクション（＝重なる状態）によって、エドガー・ケイシーの生涯で最も重要なリーディングが与えられるだろう」という助言です。この日のリーディングでケイシーは、彼自身の様々な問題を用意していますが、その中には占星学についての質問もありました。以下はその引用です。

質問「惑星群は人間の運命の支配に関係があるでしょうか？」

解答「関係がある。人間の傾向は、その人の生まれた時の惑星の位置によって決まる。従って人間の運命は惑星群の行動範囲のうちにある。個々人の誕生時に太陽系がどのように位置していたかを見れば、人間の意志力を度外視してその人の傾向や行動が判定できる」

リーディングはこのように占星学を肯定しましたが、敬虔なクリスチャンであったケイシーは、彼の信仰を揺るがすこの思想を心の片隅にしまい込んでしまいました。そして1923年10月、アーサー・ラマーズによって、後にライフリーディングと呼ばれるケイシーの才能の新領域が、輪廻転生という更に驚くべき事実とともに開示されるまでの数年間、彼の叡智が占星学について語ることはありませんでした。

その時のリーディングからその後のライフリーディングに至るまで、占星術に対するケイシーの視点には生涯に渡って首尾一貫した思想があることがわかります。特に興味深いのは一般的な占星術にはない魂の惑星間滞在という思想です。

宇宙は魂の住居として、やがては神と一つになる魂がそれを成就するために創造されました。太陽系には、私たちが惑星として知っているものに象徴される、8つの意識段階としての次元が存在します。地球は創造の一小部分であり第3の次元を占有しています。そこでは魂はそれ自身を物質に投影するのです。

私たちは地球での滞在の中間期に、惑星群によって支配されている個々の環境の中で、意識の段階に相応した形態で滞在し、その霊的成長を継続します。これら惑星滞在の中で達成される発達は、個人の精神的な側面に影響を与えています。

感情的な発達は過去生での経験と深く関わっています。つまり魂は前世から今生に至る中間世で太陽系の惑星学校で学び、地球における転生の経験を通しても学ぶことを、交互に繰り返しているというのです。

誕生時に天頂か上昇点に最も接近した惑星は、現在の経験のために、地球の圏内に侵入する以前に魂がそこに滞在していた一番最後の意識界であり、それは生活に多大な影響を及ぼします。

そして、「太陽系がどのように位置していたかを見れば、人生における傾向や行動が判定できる」とリーディングは語っています。つまり占星術におけるホロスコープ（出生天宮図）を観ることで、その人の性格や人生の傾向を判断できることを、眠れる賢人の叡智がはっきり肯定しているのです。

しかしそれは自由意志を度外視しての話です。意志力こそが人間を永遠に進歩へと導く変わらぬ指導要因なのです。どうすれば意志力が惑星の力を克服できるのかを理解するのは、すべての魂にとって避けて通ることが出来ないレッスンなのです。私たちは躓きの石として支配されるよりは、むしろ人生において布石として活用することができるほどに惑星の力を克服すべきなのです。

リーディングによると、「現在行われている占星学にはある程度の真理が含まれているが、それはただ真理に近いというだけであって、完全な正確さに欠けている」ということです。

その理由は、第一に「輪廻を考慮に入れていない」という点、第二に「占星学的影響が、人間の腺組織を通じ、また、他の領域でのそれ以前の経験を通して、どう人間に作用しているかを充分に理解していない」という点を上げています。リーディングでは、「太陽系の各惑星が、身体と魂との接点である内分泌腺とも対応している」ことも説明されています。

●ケイシー占星術の探求方法

眠れる賢人は、わたしたちが想像もできない程、様々な視点からの知識と知恵に通じていました。占星術に関しても多くを知っていましたが、そのすべてを語ったわけではありません。ケイシーは肉体の出生時だけでなく、魂が肉体に入った瞬間の星の配置も同時に観て判断しているかもしれませんし、占星術では西洋とインドで12サインの視点が違うのですが、当然両方の視点に通じていたでしょう。更に古今東西における占星術を研究した無名の人々や将来解き明かされるであろう未知の占星術の法則にも通じていたと考えられます。

質問に対しては応えられたものもありますが、断片的であったり、難解な表現もあり、体系化するにはその多くを推測に頼らざる終えません。例えば人が生まれる前に最後にいた惑星を探るだけでも、出生時に上昇点である東の地平線から天頂に至るまでの間に太陽系の惑星が存在しないケースは極めて多いので、リーディングが語っている情報だけでは判断がつかないのです。

エドガー・ケイシーの占星術を探求するために必要なことは明らかに眠れる賢人が持っていた視点に限りなく接近することです。そのために筆者は複数の真摯な研究者による二つの視点からの探究方法を提唱します。

第一の方法は、ケイシーリーディングで語られている内容を詳しく吟味して文字通り眠れる賢人が何を語っているのかを推測して分析体系化することです。この場合一般的な占星術の知識と眠れる賢人の占星術が必ずしも一致するかどうかはわかりませんので、ケイシーには詳しくても占星術の知識が比較的少ない研究家と、占星術を永年研究してきた専門家の、双方向からの探求が必要だと思います。専門的な知識が逆に大切な気付きを見落としてしまうこともありうるからです。筆者の場合は占星術の専門家になるでしょうから、その視点で取り組んでいきたいと思いますが、今後の優れた研究者の登場にも期待しています。

第二の方法は、ケイシーの占星術についての言及をひとまず脇に置いて、一般的な占星術を霊的哲学の視点から捉えなおすことです。リーディングを読むとそれがフィジカル、ライフ、あるいはその他のリーディングであっても、眠れる賢人が生涯に渡って首尾一貫した霊的哲学を持って語っていたことがわかります。ジナ・サーミナラ女史がその著書『転生の秘密』の中で処世哲学として発表しているものも、眠れる賢人の首尾一貫した思想から導き出されたものにほかなりません。

賢人が知っていても語らなかったり、取捨選択したりする判断の基準は、霊的哲学にあると考えるのが妥当です。これまでの数年間、筆者は占星術に示された法則を、霊的哲学の視点に立って捉えなおしてきました。この方法で眠れる賢人の占星術を探求してきて、非常に興味深い示唆を何度も得る事が出来ました。

●占星術を霊的な視点から探求する

筆者の占星術は、西洋占星術をベースに、判断の基準をエドガー・ケイシーの霊的哲学に置いて解釈しなおした魂の占星術ということが出来ます。過去にワンネス誌上で「占星術開眼」というレポートを発表した時には、占星術に純粋に触れた感動をそのままレポートにしましたが、その初期の頃から筆者が感じていたのは、人は生まれる前に、これからどのような人生を歩み、どのような経験を積んで魂を成長させて行くのか、だいたいの大筋を決めて生まれてくるということです。エドガー・ケイシーは人生についての含蓄深い言葉を残しています。

「人生は一回のみではない、魂の成長と愛の完成のために」
「人生は目的に満ちた経験である」

最近の精神世界では、「生まれる時間や両親までも魂が決めて生まれてくる」とも言われます。あえて困難の多い人生を選んで生まれてくる人もいます。

占星術的にいうと、出生ホロスコープにハードアスペクト（90度や180度）が多いと常に緊張や対立、軋轢などにさらされ、一筋縄では行かない困難な人生を歩む場合が多いのですが、その経験こそがまさに魂の成長と愛の完成に至るための試練として必要であり、意志力を使って乗り越えるべきハードルとして自ら設定して生まれてきているのかもしれないのです。

人生に起きる出来事にはそのひとつひとつに意味があり目的がある。それを知ることは人生に深い理解と癒しをもたらします。これはケイシーのライフリーディングの精神に通じるものだと思います。

西洋占星術では、ホロスコープを巡る星の速度が速ければ速いほど心の表層の浅い意識を表し、遅ければ遅いほど心の深層、魂の領域にも通ずる深い意識を表すといわれています。

占い師の中には日常的な問題事を判断するため、土星よりも遠い星、いわゆるトランスサタニアンと呼ばれる星をあまり観ない人もいますが、筆者は心の深層や魂に接近するために天王星、海王星、冥王星を最も重視しています。さらに、１９７７年に発見されたキローンという小惑星の判断により、一般的な占いがセラピーの領域にまで高められてくると考えています。

キローンは占星術では高度な医学を象徴するといわれます。他にも傷ついた癒し手、魂の傷、トラウマなどの意味を持ちますが、筆者は前世における失敗経験が魂の傷となり、今の人生にも尾を引き、わけがわからず不安になったり、弱気になるなど、人生に大きな影を投げかけていると読みます。ホジティブに建設的な人生を歩むためには、キローンが指し示す傷を乗り越える勇気が必要なのです。

ホロスコープでキローンの位置するところを読んでいくと、今まで無意識になんとなく感じていた魂の傷のありかが明確になり意識化されることによって、意志力を使って過去世の傷の影響から抜け出すことができるようになります。「もう決して過去世の傷を引きずらない」と、意志力を行使して決意するわけです。

その他に西洋占星術ではドラゴンヘッド、ドラゴンテイルといわれる占星ポイントがあります。太陽の通り道を黄道、月の通り道を白道といいますが、その交差点が二つあります。月が上昇して黄道に交差するポイントをドラゴンヘッド、下降して黄道に交差するポイントをドラゴンテイルといってこれは惑星ではありません。インド占星術でもそれぞれラーフ、ケートゥと呼ばれ、惑星ではないのですが、それに匹敵するほど重要なポイントとされています。

かつてケイシー財団を訪問した時、アトランティック大学で占星術を教えている先生と話をする機会があり、筆者がホロスコープ上で前世を読み取るのに最も重視しているポイントについてお聞きしたら、「それは月の花です」との答えを得ました。詳しく確認するとドラゴンヘッド、ドラゴンテイルの別の呼び名のようです。

ドラゴンヘッドは今生の目的、達成すべき目標を表すといわれます。それはその人にとって最も難しいもので得意分野ではありません。一生を掛けて達成すべきレッスンが、得意分野では簡単に終わってしまうので今生のテーマとはいえません。反対にドラゴンテイルはすでに過去世で繰り返し達成し、身に付けてきた得意分野を表します。あるいは過去世の人間関係を表すともいわれます。

筆者はその他に、トランジットで分刻みで変化していくアラビックパートと呼ばれている占星ポイントもよく使っています。幸運の場所、幸福のポイントを示すパートオブフォーチュン（ＰＯＦ）、魂のあるべき場所、パートオブスピリッツ（ＰＯＳ）、縁と宿命のポイント、バーテックス

（ＶＴ）など、これらはその瞬間に必要なメッセージを運んでくるように感じられます。

これらの惑星や占星ポイントを観ながら、判断の基準をエドガー・ケイシーの霊的哲学に置いて、ホロスコープを総合的に読み解いていきます。

●魂の占星術ケースワーク

筆者は２０００年に大学卒業時から勤めていた印刷会社を退社して後、心理カウンセラーやセラピスト、占星術研究家として活動を続けてまいりました。特にここ数年は、関西の複数の占い館に在籍するなどして占い師としての経験を積みながら、スピ系や癒し系のイベントに出展するなどして、ケイシーの霊的哲学を応用した魂の占星術の研鑽と探究を深めてまいりました。

サイキックリーディングではよく「何百年前にどこの国で名前は……」ということが語られることがありますが、僕の占星術ではそれはわかりません。でも、今生に影響を与えている魂の傷やカルマを読んでいくことのほうがより重要で有益な情報なのです。結局、過去生の情報も今の人生に活かすためでなければ意味はないのです。

エドガー・ケイシーの占星術を実践する者の基本的精神として、筆者は神の探求スタディグループで最初に学ぶ第１課「協力」にあるアファメーションを推奨します。「わたしの意志ではなく、神の御心が私の内に私を通して行なわれますように」、そして、「すべての道に接する人々への絶えざる祝福の水路としてわたしを御遣いください」の精神です。

筆者の占い館の一日もその祈りから始まります。神の御心が自分を通して働いており、神の祝福の水路として相談者に接していくと、神の導きを身近に感じられるような出来事やケースに数多く遭遇します。以下、これまで筆者が遭遇した興味深いケースをいくつか紹介しましょう。

初めに紹介するのは、ある中年のご婦人が、ご主人との相性を観てもらうために来られたときにありました。3年前にご婦人は魂の傷の影響でウツ状態になり、ご主人の献身的な援助で回復したのでした。

占星術で相性を見る方法は複数存在しますが、2人の出生時のホロスコープを重ね合わせたシナストリーと呼ばれるチャートを作成し、その中でお互いの太陽と月、火星と金星の角度を観て判断するのは最も一般的です。

しかしシナストリーで前述のキローンやドラゴンヘッドなどの絡みを読むと、お互いに持っているカルマや過去世での経験が読めることも多いのです。シナストリーではご婦人の魂の傷を表すキローンに、ご主人の木星や金星が寄り添うようにサポートしていて、冥王星が反対側でタイトな180度の角度を形成していました。

過去生で魂の傷に深く関わっていたのがどうやらご主人であり、今世では償いのため、その傷をサポートする相性をもって生まれてきている事がわかりました。それまではこのご婦人は子どもが成人した後にご主人と離婚することを考えていたのです。夫婦関係は冷めきっており、俗にいう仮面夫婦のような状態であったそうです。

しかしその経験を通してこのお二人はお互いの関係をより深めていきました。うつ病はそのときには不幸なことのように観えましたが、未完成の愛をより完成へと向かわせた試練だったのです。もちろん試練に負けてしまい不幸な現実になる場合もありますが、ホロスコープを観ていると生まれる前に試練を設定して生まれてきていると読めるのです。

次に紹介するのは、二人目の子を自然流産した婦人のケースです。母子の関係を読み取っていた時に、「自然流産した魂が、母親とのカルマの解消のために生まれてこようとしていたが、それがけっこう辛い試練だったので、生まれるかどうかを悩んだ挙句、結局天に帰ることを選択して戻ってしまったために、自然流産がおこった」と読めたのです。

ケイシーは、自然流産の場合はそういうケースが多いと示唆していますが、まさか母親のホロスコープでお腹の中の子供の苦悩が読めるとは思いませんでした。けっこうその辛さが僕に感染して、僕自身が辛い感情を体験してしまいました。

エドガー・ケイシーの魂も、生まれる前にこれからの試練に満ちた人生を愁い、1時間半近くも生まれた身体の周りを彷徨ったと語られており、これは知る人ぞ知る有名なエピソードです。

その時の感応は明らかに、ホロスコープ上を分刻みで動くアラビックパート（アラビア占星学で用いられていたホロスコープの感受点のこと）を観ている時に起きました。熟練した占星術師が、星からの象徴をメッセージとして読み取ろうとする時、アラビックパートは特殊なインスピレーションを誘発するように思われます。今後、アラビックパートの研究にも力を入れるべきでしょう。

次は正月2日に占い館にやってきた女性のケースです。彼女はなんとなく戸惑いがちな表情をしていたので聞いてみると、占い館に入ったのは人生で初めてだというのです。正月で実家のほうに家族揃って帰省された主婦の方でした。なんとなく2日に百貨店にやってきて占い館の前を通った時に、「何故かここに入らなければならないという強い印象を受けて入ってきた」そうです。「いったい何を聞いたらいいかすら分からない」といわれました。

そこで筆者はホロスコープから全般的に分かることを順番に読んでいきました。何気なく聴いていた彼女は、6室の意味と魂の傷について語りだした時に、特別な反応を示したのです。霊的に敏感な傾向があり、過去世でも霊的な探求をしていたらしいこと、そしてそのときの判断ミスによる失敗経験が魂の傷となり今生に尾を引いているらしいこと、更に過去世から受け継がれている優れたヒーラーの資質があることなどが読み取れました。

彼女は自分の身の回りに起きていることが、ご主人や他の人に理解されずに苦しんでいたのでした。最近では江原さんなどの活躍もあり、以前よりは世の中で霊的なことが理解されるようになってきましたが、まだまだ世間の人の常識と自分の体験との狭間で苦しんでいる人は多いようです。

筆者は霊的なことについての正しい知識を、エドガー・ケイシーや筆者自身の体験も話しながらお伝えし、この才能に対して前向きに取り組むようにアドバイスしました。彼女は「正月に帰省して、占い館でこのような話を聴くことになるとは思わなかった」と言われました。霊的なことは誰にも理解されずに心の奥底に仕舞い込んでいたようで、筆者は彼女のパンドラの箱を開けてしまったようです。まさに日々の祈りの如くに、「神が彼女に今本当に必要なメッセージをお伝えするために筆者を遣わされたのだ」と感じました。

このようなことは一度きりではありません。それこそ枚挙にいとまがないほど起きてくるのです。他の占い館に在籍していた時には、普段は迷わないはずの道に、その時に限って何故か迷ってしまった老婦人が占い館にたどり着き、入ってきたこともありました。ちょうどその時彼女が抱えていた家族とご本人の問題事を、ホロスコープで判断して解決へと導くことが出来ました。

ある中年のご婦人の相談は、ご主人のお母さん、つまりご婦人にとっては義母に当たる姑さんに関することでした。ご主人と姑さんは実の母子であるにもかかわらず、仲が相当悪いそうで、別居しています。義父はもうだいぶ前に他界していて、姑さんは一人暮らしです。

姑さんはもうかなりのご高齢で体の節々が痛み、もうそろそろ介護が必要になってきました。親戚中から、「母子は一緒に暮らして姑さんを助けるべきだ」という声が上がり、その方向に向かっているそうです。しかしご婦人はご主人と義母の仲の悪さを知っているので、「結局自分に最も大きな負担がかかってくるので、なるべくならその状況になるのを避けたい」と言われていました。

何故、実の母と息子なのに仲が悪いのでしょうか。二人のホロスコープとシナストリーを見てみました。すると相性の悪さは一目瞭然でしたが、それだけではなくお互いの魂の傷を刺激して傷つけあうような出来事が過去世であったらしいと読み取れたのです。強烈なカルマ、何故このお二人が母と息子として生まれてきたのか、筆者としては理解に苦しむところです。

次に依頼者であるご婦人のホロスコープを観て、お二人との関係をそれぞれのシナストリーで観て、なんとなく理解できたような気がしました。明らかにご婦人はご主人と姑さんの関係を少しでも改善させるような役割を持っていると読めたのです。過去世の魂の傷にはご婦人も何らかの形で関わっていたようです。

おそらく、ご婦人でなければわからないような、お互いの関係を修復させる鍵のようなものがあるに違いない。今回の状況は姑さんがご高齢で余命幾ばくもないということなので、この3人にとってはカルマの宿題を果たす最後の機会が与えられている、と読むべきでしょう。この状況は避けるべきではない。ご婦人にとっては大変な負担となりますが、来世に宿題を持ち越さないためにあえて苦難の道を選ぶべきなのです。

しかし筆者はこの鑑定をストレートにご婦人に伝えることには躊躇してしまいました。口で言うのはたやすいが、ご婦人の負担が並大抵ではないことが読み取れたからです。なんとなく鑑定結果をにおわすような表現で言葉を濁してしまいました。ご婦人がご自分で気付いてこの状況を受け入れて下さることを願っています。

●魂の占星術の今後の展開

これまで見てきたケースワークで筆者が最も大きな影響を受けてきたのは、1977年に発見された小惑星、キローンの読み方です。1977年は筆者にとって最も思い出深い年でもあります。

ちょうどエドガー・ケイシー生誕１００年の節目にあたり、筆者がケイシーの研究を始めたのもこの年でしたし、この年の春の神秘体験（第7章で詳述）が筆者の人生を大きく変えたことは明らかです。ちょうどこの年にキローンが発見されたことを考えると筆者にとってはとても意味深いシンクロを感じずにはいられません。

もちろんエドガー・ケイシーがキローンについてリーディングで語ったという証拠は何一つありません。まだその知識は人類には許されていなかったのかもしれませんが、キローンが指し示す情報や知識を眠れる賢人が全く持っていなかったとも言い切れないのです。

眠れる賢人の占星術はまだその黎明期を迎えたばかりで今後も更に研究を重ねるべき分野です。筆者はこれからも研究と啓蒙を共に重ねていく研究者を求めています。一緒にこの興味深い宇宙と人間の神秘の研究を深めてまいりましょう。

（ＥＣＣＪ機関誌ワンネス49号《２０１１年6月刊》より）

映画「リーディング」の予知夢とケイシーの紹介映像

エドガー・ケイシーの生涯をハリウッドで映画化しようという話が、これまでに何度も持ち上がり、様々な事情で立ち消えになったエピソードはこの本の冒頭で紹介しています。残念ながらハリウッドでの映画化は未だ実現していません。それが実現されるとその啓蒙効果は測りしれません。

21世紀を過ぎて、新しく書かれたケイシーの伝記、「アメリカの預言者」がヒットしたことで、アメリカでケイシー人気が再燃し、ハリウッドでの映画化の話が進んでいるという情報が流れてきたのは2006年頃のことでした。

ケイシー役に抜擢されたのは名優のトム・ハンクス。「アメリカの預言者」の著者であるベストセラー作家、シドニー・カークパトリックさんによって、すでに脚本が3回も書き換えられ、トム・ハンクスの手に渡っているというのです。これは今度こそケイシーがハリウッドで映画化されるに違いないと大いに期待させる情報でした。僕もその進展状況を見守っていましたが、今回もどうやらダメらしいとわかった時はいっぺんに落胆し、残念な思いに浸りながら寝床につきました。

そしてその夜、僕は不思議な夢を見ました。

自宅の地下に降りていく階段があり、暗闇の中を降りていくと深夜営業をしている映画館があるのです。観客は誰もいません。僕が映画館の前の方の椅子に座ると1本目の映画が上映されました。驚いたことにそれはエドガー・ケイシーの映画でした。2本目、3本目、4本目と映画が上映されたのですが、すべて違うケイシー映画でした。それらは僕がこれまで一度も見たことがない映像だったのかというと、そうではなく、僕が過去に見たケイシーを紹介したテレビ番組やビデオなどの媒体、ケイシー研究家のインタビューなどが集約され、4本の映画としてまとめられているという印象でした。

これまでにテレビやビデオでケイシーが紹介されたものにはどのようなものがあるのでしょう

か？　２０１８年に公開された白鳥哲監督の映画「リーディング」では終盤に、実際のケイシーが動いている映像とリーディング中に録音された声が紹介されています。これはＡＲＥの所蔵しているものですが、門外不出というわけではなく、これまでにもいろいろなところで紹介されてきました。僕の知る限り『ジョージハリスンの死後の世界』や『世紀末大予言』他、いくつかのビデオでも確認可能です。

『世紀末大予言』ではケイシーの孫、チャールズ・トマス・ケイシーのインタビューがあるほか、ケイシータイプの能力者として、ポール・ソロモンなども紹介されており、オウム真理教などのカルト宗教が起こしたテロ事件についての考察もあります。

僕が超常現象の研究を始めた初期の頃に、テレビ大阪だったかマイナーなテレビ局で、火曜洋画劇場などの枠で『超能力─驚異の実験ドキュメント』というドキュメンタリー映画が放送されたことがありました。

その中では、有名なソ連のニーナ・クラギーナ夫人の念動フィルム、キャサリン・クールマン女史の信仰療法の現場を取材したドキュメンタリーフィルムなどとともに、エドガー・ケイシーとＡＲＥも紹介されていました。

息子、ヒューリン・ケイシーのインタビューとエドガー・ケイシーの心霊治療として、ケイシーによく似た俳優さんが、遠隔リーディングをする模様が放送されていて、ミリアム・ローパーという女性が、リーディングで回復して乗馬ができるようになった経過が、短いドラマ仕様になっています。ほかにケイシーのオーラについての見識も簡単に紹介されています。

この放送を僕はビデオで録画しており、保存状態はあまり良くなかったのですが、ケイシー生誕祭など年1回のイベントではいつも公開していました。今現在、このビデオはDVD変換していります。その他、AREでは1993年に「ARE60周年記念ビデオ」や、その後も「エドガー・ケイシーの大いなる遺産」といったケイシー研究家のインタビューを中心にした紹介映像が作られています。

そして日本では、ワンダーゾーンというテレビ番組が、「予言」というテーマで放送された時、10分ほどのエドガー・ケイシーを紹介した映像が流されたことがありました。たしか1994年か5年頃だったと思います。

リポーターのARE取材の映像、ケイシーの次男、エドガー・エバンス・ケイシーのインタビューなど、短い10分ほどでとても上手くまとめられていました。そこでも実際のケイシーが動く例の映像が使われていて、最後はケイシーのカラー写真で閉められていました。見事な紹介映像でした。

ワンダーゾーンでは、「予言」以外でも、「アトランティス」の時など、何回かケイシーが紹介されていたと記憶しています。

その数年後の1997年3月に、「知ってるつもり」という人気番組で、「世紀末予言者伝説」という2時間のスペシャル番組の放送があり、前半のノストラダムスとともに、後半の約1時間に渡ってエドガー・ケイシーが紹介されました。この時、エドガー・ケイシー研究家として、日本エドガー・ケイシーセンター会長の光田秀さんが出演されています。「ワンダーゾーン」と「知ってるつもり」は、どちらの番組も関口宏さんが司会を担当されていました。また江原啓之さんがご自身の活動ＤＶＤなどで、いつもエドガー・ケイシーに触れておられます。このようにエドガー・ケイシーを紹介した映像はたくさんあり、これまでも折に触れて一般公開されてきました。

僕の見た夢の話に戻りましょう。４本のケイシー映画のあと、「これが最後の映画だ‼」とどこからか声が聴こえてきて、５本目が上映されました。最後はアニメーション映画だったのです。イメージとしては世界名作劇場のシリーズのひとつのような印象です。あしながおじさんのようなキャラクターが出てきて、あまり似ていないけど、これがエドガー・ケイシーだとわかりました。

クライマックスでは、あしながおじさんのようなエドガー・ケイシーが、丘の上で両手を左右に広げて天から降り注ぐ光を浴び、穏やかに微笑んでいるのです。そしてそれがアニメ映画のラストシーンでした。「願ったことはやがて実現する、あまり気に病むことはない」という声が響いてきて、僕は目を覚ましました。

目覚めてしばらくの間は、ラストシーンで見た光に包まれている感覚があり、まるでその余韻に浸るように穏やかな気持ちが続いていました。寝る前の落ち込んだ気分はなくなり、夢のおかげで僕は勇気づけられ、希望を持つことができました。エドガー・ケイシーの映画はやがては必ず完成するだろう。この夢は僕が落ち込んだ気分を慰めるように大いなる自己が見せてくれたものにちがいないと解釈しました。

やがて10年の時が過ぎ、僕は京都の洛西で、白鳥監督が創ったケイシー映画『リーディング』の完成披露試写会に参加していました。その1週間ほど前に、東京でケイシーセンターの理事会に参加した時、光田会長から見せてもらった映画のメイキング映像で僕は奇妙なことに気がついたのです。

僕が夢で見たケイシーに似ていないアニメキャラクターはケイシーではなく、この映画でケイシー役を演じた俳優さんをアニメキャラクターにしたものだとすれば、納得できるのです。

白鳥監督は、僕もよく知っているアニメのキャラクターの声をあてる声優さんでもある……。ということは、僕が夢で見たアニメ映画は白鳥監督の映画『リーディング』を僕が予知して、アニメファンでもある僕の潜在意識で加工されて出てきたものではないか、という考えが浮かんできていたのです。そして試写会で映画のラストシーンを見た時に、「やはりそうか」とそれが確信へと変わりました。

映画のラストで新芽が出て天から光が降り注ぐシーンは、夢でケイシーが丘の上で手を広げて天から降り注ぐ光を浴びている、アニメ映画のクライマックスのシーンにピッタリと重なったのです。

ラストシーンを見ながら、僕は夢で見たクライマックスが、驚きとともにダブって見えてくるような高揚感を感じていました。見終えた僕は、夢を見た後と同じように、穏やかな気持ちとその余韻も、10年ぶりに追体験することになりました。

たしか「祈りは聞かれる。神にその叶え方を指示してはならない」というリーディングがあったと思います。僕はケイシー映画がハリウッドで映画化されると思っていて、それは祈りに近かったと思います。しかし形は違えど、祈りは聞かれたのです。「願ったことはやがて実現する」夢で大いなる自己に言われたことが浮かんできました。

「そうか！　そうだ！　実現したんだよね‼」。エドガー・ケイシーの啓蒙を通して、今はまだ常識ではないが、これからの新しい時代に、多くの人にとって常識となることが啓蒙されている。これが僕がこの人生でやるべき使命、目的だ‼

僕がこの世でやるべきことはまだまだたくさんある。これからもエドガー・ケイシーとともに歩んでいきたいと思います。

（エドガー・ケイシーセミナー資料集第5号《令和元年改訂版》）

第7章　永遠の生命を生きる

エドガー・ケイシーの復活

エドガー・ケイシーは、20世紀末に起こるとされた日本の沈没を含む大規模な世界的地殻変動の予言を残していますが、20世紀末までに日本は沈没しなかったので、この予言は外れたことになります。

予言は決して私たちと独立して個別に存在しているものではなく、未来の成り行きが、人間の自由意志や祈祷者の力、そこで生活する人々の態度などに大きく左右されるものだということです。

以下は彼の代表的な伝記からの引用です。

ケイシーはときどき、絶対的な予言というものはありそうもないと言明した。というのは、予言は人間の自由意志と祈祷者の力とを考慮に入れておらず、彼は、意識の上ではこのどちらもあると信じていた。こういう時彼は、何事も予め運命づけられているということはなく、可能性としてあるのだということを強調した。〈『超人ケイシーの秘密　上巻』〉

予言については、未来の成り行きは人間の自由意志にかかっているから、予言が外れないということはめったにないという警告が幾度も現われた。（『奇蹟の人』）

エドガー・ケイシーの日本沈没を含む世界的な地殻変動がなぜ外れたのか？　その要因の一つには、明らかにこの世界の聖人賢者たちの働きや人々の平和を願い求める祈りがあったと考えられます。

例えば白光真宏会という宗教団体では、多くの人びとが集まって世界平和を祈ることで、来るべき大きな災害は現実となる前に小さくなったり、消えていく……。つまり大難が小難に、そしてやがては無難になるという思想があり、信徒たちが中心となり、賛同者たちを集めて毎年祈りの大祭が開催されています。筆者もかつて富士山麓での一万人の祈りの祭典に2度参加したことがあります。

最近ではエドガー・ケイシーのドキュメンタリー映画「リーディング」の白鳥哲監督が、ブログの読者に呼びかけて、月1回、21日に祈りの会を主宰されています。同じような活動は日本のみならず世界中で様々な宗教やスピリチュアル系グループによって繰り返し、継続的に行われています。

それに加えて日本古来の古神道の修行者たちは、天啓により日本各地の神社を巡り、天地を繋ぎ神を降ろす御神業で、惟神の道を整え天地弥栄を祈願し続けています。

かつて、大本教の聖師、日本の大予言者としても知られた出口王仁三郎は日本を沈没させないために、日本各地に天と地を繋ぐ歌碑を建てたと聞いたことがあります。

道院の神仙人、笹目秀和老師は、日本沈没の引き金となる富士山大爆発をストップさせる御神業を行ったそうです。これら民衆の祈願、聖賢たちの活動が旧くから伝わる破滅の予言を回避するの

に効果がないはずはないと確信しています。これらの活動（祈りや御神業）は破滅の回避のみならず、希望に満ちた予言を実現させる影響力にもつながっています。

ここで、これから実現するであろうケイシーの希望の予言を見ていきましょう。そのひとつは「ロシアの宗教的発展に世界の希望がかかっている」という予言です。

一般的には、１９８９年のゴルバチョフによるペレストロイカを予言したもので、既に的中していると言われていますが、筆者はこれから実現する予言ではないかと見ています。ゴルバチョフはソ連の大統領であり、ペレストロイカは共産主義の崩壊をもたらしましたが、宗教的発展には至っていません。それはこの時代、ロシアのプーチン大統領の治世下で起きるでしょう。

２０２０年に起きた世界的な感染症の流行（パンデミック）はコロナ禍と呼ばれ、人類未曾有の危機をもたらしました。しかし、同年11月に行われたアメリカ大統領選挙でバイデンジャンプによる不正選挙を目撃した多くの民衆が、これまでディープステイトと呼ばれる国際金融資本にマスコミによる情報操作（プロパガンダ＝大本営発表）などで奴隷のように支配されてきたことに気づいたのです。

コロナ禍もディープステイトによる人類削減計画の一環であり、いわば、プランデミックと呼ぶべきものであること、そして２０２２年に起きたロシアによるウクライナ浸攻はプーチン対ネオナチ政権（ディープステイト）との戦いであり、世界中から非難されているプーチン大統領は実はウクライナを解放し、世界を救ったのだ。これらの真実がデクラス（機密解除）により明らかになったとき、世論はグレンとひっくり返り、一気に出口王仁三郎が予言した弥勒の世（光一元の世界）が実現することでしょう。

エドガー・ケイシーは、自身の前世でもあるエジプトの神官ラーターについて語る時のリーディングと、ケイシーの復活を思わせる次のような謎めいたリーディングを残しています。

これら古き魂たちが、戻ってくるに違いないということは、考えられないことだろうか？この聖職者は自分自身を発達させて、来るべき時代における人間相互間での解放者としての能力を得ているだろう。だから、彼はその時期、つまり１９９８年に再び入ってくるに違いない。

地球上に、この地球の日（The day of the earth）が神の中に成就するとき、この体、エドガー・ケイシーは復活し、清まり、自由となるだろう。

ここでは、「ラーター（ケイシーの前世）が人類の解放者として１９９８年に帰ってくる」「地球の日が神の中に成就する時、エドガー・ケイシーが復活する」という謎めいた予言となっています。筆者を含むケイシーの大ファンとしては、「ケイシーが文字通りに復活して欲しい」という思いが強いでしょう。しかし今の段階では、これは象徴的に語られた予言であると考えたほうが無難でしょう。

例えば、ケイシーの残した遺産とも言える「神の探求」を実践することを通して、新しい時代に秩序がもたらされると言われています。それが実現することが象徴的に語られているのかもしれません。そしてこれは、出口王仁三郎や『日月神示』などで予言されている「弥勒の世」の予言と共通するものであると筆者は考えています。

ケイシーの場合はキリスト教的な表現になるので、この地球の日が神の中に成就するとは「キリストの再臨」を意味するものであり、それが日本では弥勒の世と呼ばれるものではないかと考えられるのです。

御神業者としての活動の意味

筆者は30年ほど前に、神道系霊能者から伝えられたメッセージ（天啓）を受けて、約3年ほど神社を巡り祈祷する活動をしていたことがあります。

当時は、神道系の情報や御神業についてほとんど何も知らなかったので、霊能者から「あなたは国津神の御霊なので、淡路島に行って、菊理媛を祀った神社で、神の光が降りてこれるように整えて来る使命がある」と言われても、何をどのようにすればいいのかすら全く分かりませんでした。ちょうど古神道に詳しくて神社巡りなどをよくしている土居正明くんという友人がいたので、彼に相談してみました。

土居くんは古神道と御神業について彼自身が知っていることを筆者に教えてくれただけでなく、筆者のはじめての御神業となる淡路島日帰り神業に同行してくれました。まずは伊弉諾神宮にご挨拶のために参拝、そしてその後、菊理媛の神社を探しだして参拝し、神の光が降りてこれるようにその場を整え、無事にはじめての御神業を終えることができました。

土居くんの援助のおかげで、筆者は古神道における御神業の基礎とコツを習得することができました。彼には深く感謝しています。

大阪の梅田にアメノミナカヌシが祀られている神社があります。そこはよく御神業者が集まり、お参りをしては啓示を受け、各地に散っていく中継地点となっていました。筆者もそこから、様々な神社を巡り歩く活動をすることになりました。御神業活動を続けていく中で、「この活動の意味はどこにあるのだろうか？」と考えることも多くなってきた頃、１９９５年の初頭にあの衝撃的な阪神淡路大震災が起こったのです。

筆者がめぐり歩いた神社は、震源地となった淡路島から始まり、のちの震災に意味のある地域の神社が多く含まれていました。その後、天啓が途絶え、御神業に筆者が召し出される日々はなくなったので、「あの御神業は後の震災被害を少しでも少なくさせるためのものだったのではないか」

と考えると納得できたのです。

阪神淡路大震災の16年後の2011年3月に、さらに規模の大きな東日本大震災が起こりますが、その前に筆者が御神業に召し出されることはありませんでした。しかしかつての筆者と同じように、東北地方にいる古神道の修行者たちが、東日本大震災前にも大難を小難にするための御神業活動をしていたのではないだろうかと筆者は思わずにはいられません。

筆者を御神業へと導いてくれた土居くんは、その後も独自に古神道の探求を続け、ついにはその源流である、日本の超古代に存在したカタカムナ文明に行き着いたのです。

その後もさらに探求を続けることでカタカムナ研究の第一人者と言われ、多くの人から注目されるようになっていきました。そんな友の活躍を筆者は陰ながら嬉しく思っていたのですが、2020年8月に彼が突然火災事故により他界してしまったのです。筆者を含め、彼と親しい人たちの間に悲しみの空気が流れました。

友人土居くんとの対話（霊夢）

2022年6月、筆者の夢の中で土居くんが現れ、メッセージを伝えてきたのです。

夢の中で、山の中腹あたりまで登ってきた筆者は、後ろの方から山を上ってくる土居くんに気づきました。彼が筆者に語りかけました。

「魚田くん、僕死んでないでぇ〜。誰が死んだ言うてるの？」

彼の問い掛けに筆者が答えました。「ほんまやなぁ〜、今度みんなに言うとくわぁ」。

急に筆者は目覚め、これが夢の中での会話であることに気づきました。久々に聞いた彼の懐かしい声……。筆者は寝床の中でクスクス笑ってしまいました。

「土居くん、君が死んでないことはよくわかってるよ。生命は永遠だもんな。君はただ肉体から離れただけだよね。でも今日僕の夢に出てきたのには何か意味があるのかい？　僕に伝えたいことがあるなら言ってくれよ」

すぐに筆者はウトウトと再び深い眠りへと誘われて行きました。

今度は彼と夢の中で長い話をしたのですが、目が覚めたあとはその内容をほとんど忘れてしまっていました。なんとなく思い出したのは30年前、彼が岡山の吉備津神社の御神業から帰ってきた時に、神戸の喫茶店で会って、彼が神社から授かってきた吉備津の玉を預かることになったことです。

今回の夢の中で、筆者は彼から「吉備津の玉を神社に返しに行くように」と言われたような気がしたので、８月に岡山の吉備津神社にお参りに行きました。拝殿の前で筆者は仁礼二拍手の後、天津祝詞を唱えて、筆者の胸の奥に鎮座する吉備津の玉を引き出してみました。そうしてその玉をお返しするイメージを祈念したのですが、はじめはあまり反応がありませんでした。

●初めてのあじかりかん神業

何かが足りないのではないかと考え、その時思いついたのは斎藤敏一さんが著書の中で繰り返し勧めている「あじまりかんを唱える御神業」を試してみることでした。御神業中に思いついたことにはなにか意味があるに違いない。筆者は早速アジマリカンを唱えてみました。

アジマリカンを唱えていると、筆者の胸の前で、両手の上にサッカーボールほどの大きさの吉備津の玉はだんだんと光が増し、まぶしい位の光を放ち始めました。そして光の玉はイメージの中で少しづつ大きくなっていきました。やがて筆者を大きく包み始め、さらに大きく拝殿全体、神社全体、地域、岡山、日本、世界、地球全体を眩しい光で包み、筆者はその光の中に溶け込み、光と一体になったような気がしました……。

ふと、我に返ると拝殿で祈念している自分自身に気がつきました。いったい今のビジョンはなんだったんだろう? 吉備津の玉を神社に返すことはできたのだろうか? いや、結局また筆者のもとに戻ってきているようなのだ。しかも光が増し、バージョンアップしているらしい!!

筆者の印象では、吉備津の玉を使う御神業は、これから人類が体験する黄金時代、古から言われてきた弥勒の世をもたらすために、必要とされる御神業なのではないでしょうか。筆者にはアジマリカンの響きとともに、世界を光で満たすビジョンは、弥勒の世の到来を意味していると思えるのです。また、大変なお役目に召し出されたものだ（笑）。しかし精一杯勤めていこうと思います。

２１５８年（22世紀）の世界

筆者は本章の冒頭で、エドガー・ケイシーの復活を思わせる、謎めいたリーディングを紹介しました。「エドガー・ケイシーは再び肉体を伴って生まれ変わってくるのか」についても、実際に予言が残されています。ここではその話題についての興味深いエピソードを紹介しましょう。

１９３５年11月30日のことです。エドガー・ケイシーは、ミシガン州での短い滞在期間中に各地で病気の人々を診断し、透視で知識を得るリーディングを行いました。デトロイトで子供のためにリーディングを行った時、その父親が懐疑派だったので警察に通報したため、ケイシーは無免許で医療行為を行った罪で逮捕され、拘留されてしまったのです。

彼が逮捕されたのは、４年前のニューヨークに次いで2度目でした。その後、裁判が行われ有罪になったのですが、執行猶予で数ヶ月後、ようやく帰郷することが許されたのです。

このことでケイシーは、「自分が半生を捧げてきた仕事は、果たして評価されるのだろうか？結局無駄だったのではないか？」という不安に襲われ、大いに気をくじかれることになりました。すっかり希望を失い、意気消沈してバージニアビーチに帰る列車の中で、ケイシーは眠っている間にとても不思議な夢を見たのです。それは１９３６年3月3日のことでした。

私は２１５８年に再び、ネブラスカに生まれていました。私の住む家は海岸にあり、海は明らかにこの国の西部全体を覆っていました。姓は奇妙なものでした。まだ小さい子供の頃、私は自分が２００年以上前に生きていたエドガー・ケイシーだと宣言したのです。

科学者たち、長い髭をたくわえ、髪の薄くなった、厚い眼鏡をかけた男たちが呼ばれて、私を観察に来ました。彼らは、私が生まれ、仕事をしたと語ったケンタッキー、アラバマ、ニューヨーク、ミシガン、そしてバージニアビーチの場所を訪れることに決めました。

私を連れた科学者のグループは、高速で動く葉巻型の、金属製の空飛ぶ船でそれらの場所を訪れました。水がアラバマの一部を覆い、バージニアのノーフォークは巨大な港になっていました。戦争だか地震だかに破壊され、復興の途上で再建されつつあった都市に降り立った時、その中で作業をしている人に、「ここはどこですか？」と問いかけると、「どこだって？　ニューヨークじゃないか」との答が返ってきました。

人々の生活は大きく変化していました。工業は都市に集中せず地方に分散していて、人々の住む家々はガラス造りが多くなっていました。夢の中で、科学者たちは２００年以上前に生きていたエドガー・ケイシーの業績の記録を、首尾よく多数発見することができたので、一同はその記録を集め、さらによく調査するために、ネブラスカに持ち帰ったのです。

ケイシーは、この夢の意味をリーディングに聞いてみることにしました。しかしリーディングは先約が多く、自分のためのリーディングは、それから3ヶ月以上たった6月30日まで待たねばなりませんでした。以下、リーディングの要約です。

度々指摘してきたことである。自分の仕事に対して、疑惑や恐怖が起きた時に助けとなり力となれるよう、その夢の体験は彼に与えられたのである。（中略）たとえ暗闇に閉ざされたと思えることがあっても、目的が誤解されることがあっても、その人とまた地上経験を通して助ける人々の中で、希望と理解を与える経験の中で、この仕事の正しさが実証される時の来ることを分からせるためのものであった。（中略）その光景で物理的角度から見た時代はいずれ訪れる。だが、魂にとってそれは重要なことではない。むしろ、今日の務めを果たすようにせよ。明日のことは明日が心配してくれる。

（『１９９８年エドガー・ケイシー世界大破局への秒読み』林陽、曙出版）

どうやら、エドガー・ケイシーが実際に生まれ変わってくるのは２１５８年のようです。そしてケイシーの見た夢の中での地球の物理的変化はやがて現実となるとリーディングは語っています。

しかし現代は古くから聖書に予言されている黙示録の世界であり、立て替え、立て直しと弥勒の世が始まる夜明け前を迎えています。

本章で筆者は御神業についてお話しました。吉備津神社より授かった吉備津の玉の御神業は、アジマリカンの光とともに光一元の弥勒の世の到来を早めることになるでしょう。（注：エドガー・

ケイシーは一般的に言われている黙示録の解釈とは全く異なった解釈を提示しています。黙示録は人類が霊的覚醒に至るための秘伝書なのです）

●吉備津の神玉と桃太郎の伝承

なぜ岡山の吉備津神社の神玉にそのお役目があるのでしょうか？

筆者のイメージに浮かんできたのは吉備津神社が日本の桃太郎伝承のある土地だということです。ご存知のように、桃太郎は鬼を退治して、鬼の持つ金銀財宝を持ち帰りました。桃太郎の伝承はそのまま現在の世界情勢に対応しているのではないでしょうか。

トランプやプーチンが戦っているディープステートは、さながら桃太郎の戦った鬼であり、鬼退治の末、持ち帰る金銀財宝とは、この世界から貧困を根絶しようとする国際法、通称ネサラゲサラが始まった世の中なのかもしれません。もちろんこれは筆者が御神業を通して感じたことであり、真実かどうかの確証は何一つありません。今は弥勒の世の入口であり、これから希望に満ちた黄金時代が始まるのであれば、我々は新時代の到来を、「どうか少しでも民衆の痛み少なく移行できますように」と神に祈るばかりです。

●ピラミッドに刻まれた予言

眠れる予言者エドガー・ケイシーは、１９３２年にエジプトの大ピラミッドについて聞かれたりーディングで、とても興味深い回答を残しています。

それによると、「ピラミッドの中には人類の未来についての予言があり、それは文字ではなく、内部構造の中に刻まれている」というのです。その中で現代に相当するのは「王の玄室」であり、そこにある有名な「空の石棺」の意味は、人類に起こる大きな意識の変容を暗示しているようです。

問「空の石棺の意味は何ですか？」

答「死は存在しない。文字通りの意味ではない、死の解釈が容易になるということだ」（リーディングNo.５７４８—６）

別のリーディングでは、「水瓶座の時代の影響力を人類は１９９８年には十分に理解し始める」と、他のリーディングでは「１９５０年から２０００年までの50年間に生まれ合わせたものは幸運である」とも語っています。

この時期は、人類の歴史上かつてない大きな変革を迎える時期であり、それに乗じて魂をより飛躍的に成長させることも可能な時期だということです。でも、注意すべきは、同時にこの時代が、魂を最も堕落させることも可能な時期だということです。

多くの魂たちがこの時代に生まれ合わせたいと望み、霊界に押し寄せてきているそうです。しかしその中でも転生できる魂は限られているのだとケイシーは語っています。21世紀を迎え、この地上に生を受けている私達は皆、生まれたくても生まれることが出来なかった魂たちをも代表して生を受けていることを肝に銘じるべきでしょう。今、生きていることが、神の大いなる祝福なのです。

母の臨死体験

さて、筆者は幼い頃から霊的な世界を自然と受け入れるような家庭環境に育ちました。それは母が若い頃から霊的体験が豊富な、いわゆる霊能者のような人だったからです。筆者が子供の頃、まるで子守唄のように聞かされたのは、母の幼少期の臨死体験でした。

母はまだ物心もつかないような幼い頃、熱病に浮かされ、死線をさまよったことがあります。真っ暗な洞窟のようなところを前に向かって一心に歩いていたそうです。周りからは自分を呼ぶ家族の声が聞こえたそうですが、幼い母は一生懸命に前に向かって歩いて行きました。やがて遠くの方に小さな光の点が見え始め、歩いていくに連れてその光が大きくなっていきました。

どんどんその光に近づいていくとそれは美しく黄金色に光り輝く人だったのです。その人が右手のひらを向けて、おいでおいでをしているように見えた母は、喜んでその光輝く人の方へ歩いて行きました。

近づいてみると光の人はおいでおいでをしているのではなく、手のひらを前に押して、追い返していることがわかりました。母がそれに気づくと同時に、光り輝く人の声が母の内側に響きました。

「まだ早い！」その声はとても美しい声だったと母は話してくれました。その瞬間、まるで背中から引っ張られるように、歩いてきた道を高速で戻らされたそうです。こうして母は死線を乗り越えたのです。

この黄金色に光輝く人とはいったい誰だったのでしょうか？

母が７歳の頃、家の部屋の壁面に掛け軸が飾られたのですが、その掛け軸に描かれていた人の顔に母は驚くことになりました。それは母を死の淵から引き戻してくれた人の顔にそっくりだったからです。

「この人はだあれ？」と母は祖母に尋ねたら、「これは仏様だよ」と祖母は答えてくれました。その掛け軸には仏画が描かれていたのです。筆者が子供の頃に母から繰り返し聞かされたのはここまでですが、この話にはさらに後日談があります。

掛け軸の仏画に描かれた仏様の顔は確かに光の人にそっくりでしたが、姿形は同じではありませんでした。その後母は、福祉やボランティアに深く関わるようになっていき、その関係で神社、仏閣を巡ることが多くなりました。その活動のさなかに光の人と姿形までそっくりな仏様に出会うことになりました。その仏様は薬師如来だったのです。

他にも母の霊的体験は山ほどありますが、今回は紙数の関係もあるので割愛致します。筆者を霊的な世界へと導いてくれた母は、２０２１年4月に88歳の生涯を終え、神のもうひとつの扉の彼方へと旅立って行きました。きっと薬師如来が「よくやった」と迎えてくれたことでしょう。

●ニュース番組のインタビューに答える

ケイシーの語る「死の解釈が容易になる」とはどういうことなのでしょうか。

筆者はその意識の変化の時代を、敏感に感じ取って生きてきました。ちょうど筆者が霊的な世界を意識して探求を始めた頃、日本では霊の世界は怪談などに代表される夏の風物詩という扱いを受けてきました。

「お盆の時期に死者が帰ってくる」という仏教の教えも重なり、古くから納涼という日本文化の中で幽霊とか妖怪が人々の思いの中に生き続けてきました。暑い夏には「ヒュードロドロドロ、うらめしやぁ～」っと幽霊が出る話に背筋に寒気を感じて暑さを凌ぐ。そして夏が過ぎると、怪談話もいつの間にか忘れられてしまい、実際には幽霊は存在しない。死後の世界もない。人間は物質の中に閉じ込められ、死んだら土に帰るのだと信じている人が多数を占めていました。

それでも民衆の心霊体験は後を立たず、「あなたの知らない世界」などの心霊体験を集めて再現ドラマにしたテレビ番組などは根強い人気を誇っていました。筆者は大学を卒業して印刷会社に勤めてから数年後、夏休みに東京のお茶の水にある本屋さん（書泉グランデ）の精神世界コーナーで、女性のアナウンサーらしき人に呼びかけられ、インタビューに応えたことがあります。

「あなたには幽霊を見たりとか、恐怖体験がありますか？」と聞かれた時にはとても強い違和感を感じました。霊的な体験はたしかにある。でもそれは恐怖体験ではない。なぜ霊的な体験は恐怖と言われるのか？　誰も死んだあとのことは分からないから「未知への恐怖」という表現が使われるのだ。

しかし人間の体（肉体）は衣服に例えられ、死とはただ、肉体という衣服を脱ぎ捨てて、本体である霊が離れていくだけのことで、本体である死者は生きているわけだ。人間とは誰もが肉体という衣服を着た霊的存在なのだときづくべきだ。この壁を取り去るためにはまず、根強く残る恐怖という観念が取り払われなければならないだろう。

筆者が休暇を終え、大阪に戻ると会社で後輩が声をかけてきました。なんと、僕がテレビのニュース番組でインタビューに答えているのを見たというのです。「ニュース工場」という番組だったそうです。「そうか、あれがテレビで放送されるのなら、もっとちゃんと話していればよかったなぁ（笑）」と筆者は残念に思いました。

若き日の神秘体験

筆者は17歳の高校２年生のときに神秘体験をしたことがあります。エドガー・ケイシーの伝記『奇蹟の人』を読んで、大きな衝撃を受けていたちょうどその後ぐらいに、富山県魚津市在住で入院中だった父方の祖父が、「危篤状態に陥り、もう長くはない」という知らせを受け取ったことがキッカケでした。

筆者が祖父のことを思い巡らせているうちに、いつの間にか深い深い思索の中にはまり込んでしまったのです。「子供の頃、僕をかわいがってくれたおじいちゃんはもうすぐ死んでしまうのだろうか？　死んだあとはどうなるんだろう？　死後の世界って本当にあるんだろうか？　本で読んだ知識ではなく、本当のところはどうなんだろう？　神は存在するんだろうか？　真実が知りたい!!」と……。

はじめはそのような思索から始まりましたが、真実が知りたいという思いは真剣でまさに命がけの問いかけでした。もちろんこれは、考えるだけで答えが与えられる種類の問いかけではありません。でも筆者はどうしてもその答えがほしかったのです。「もし神が本当に存在するならその答えを僕に教えてほしい……。」それは祈りに近かったかもしれません。

ひとつの物事に夢中になると、周囲のことが気にならなくなってしまうものです。俗に「うわの空」といいますが、筆者の状態はまさにそれでした。誰かに呼び止められて、ふと気がつくと机の上で教科書を開いている。「あ!!　今授業中なんだ」と一瞬気付くとすぐにまた深い思索の中に入り込んでしまう。また気付くと夕食時で食事をしている。そんな断片的な記憶があるだけで、意識して日常生活を送っている記憶がない。

普通は長い間考え続けていると、やがて「あぁ疲れた、おなかすいたなぁ!!」とか「眠たくなったからもう寝よう」という考えが浮かんできて思索は中断されるものですが、そのような考えは一切浮かんでこないのです。あるのは必死に哲学的思索に明け暮れていた記憶だけで、眠った記憶、目を覚ました記憶、食事をした記憶すらもないのです。

その思索に明け暮れていた期間は数日間、あるいは一週間ほどなのかどれぐらいだったのかも分かりません。ものすごく長かったような気もしますし、一瞬だったような気もします。時間的な感覚は麻痺していて、体はまるで抜け殻のようなのに日常生活が成り立っていたのは不思議でした。

やがて、思索の果てにその体験はやってきました。例によって筆者は寝床に横たわりながら、一晩中思索を続けていたのです。朝の日差しが窓から天井を照らし、その光を見た瞬間、長い間思索しつづけてきたことに、たしかな解答が与えられたと感じたのです。「そうか!! わかった、すべてわかったぞ!!」高揚した意識で筆者は窓を開けて外を見ました。

道の向こう側に竹林があり、手前に木が立っていました。ふと見るとモンシロチョウがひらひらと飛んでいました。「あ、モンシロチョウだ!!」と思うが早いか、その瞬間、僕がモンシロチョウになって木の前を飛んでいる感覚になりました。「えぇ?」と思うのも一瞬で、窓からその光景を眺めている自分に戻りました。そしてモンシロチョウが木に止まったのを見た瞬間、自分が木になっているのをまた一瞬ですが、感じました。

「これはいったいなんだ?」空を眺めたとき、その空に自分が溶け込んでいく感覚がしました。いつもと変わりないはずの青空、でも遠い昔、子供の頃には知っていて、いつしか忘れていた本当の空の青さが、懐かしさと共によみがえってくるようです。

目に映る空間と自分との間には何も境界がないように感じました。暖かな春の日差しと穏やかな風、草や木、そこに漂う蝶までが一体感をもって迫ってくる。これまでの人生の事細かな出来事が思い出され、それらの一つ一つには深い意味があると気づきました。自分自身は生まれるずうっと前から存在していて、これから先、今の人生を終えた後もずうっと生き続けているのだ。「そうか!! 本当の僕はこの体ではないんだ。悠久の古代から未来永劫に至るまで連綿と連なる一なる意識なんだ。人生には無意味なものは何一つない。全ての出来事には深い意味がある……。そしてこの宇宙は愛に満ちている!!」

筆者は恍惚状態のまま、学校に行き、ぼーっとしているときに友人に肩を叩かれました。突然僕は友人たちを前に語りだしました。「みんな聴いてくれ。僕は悟りを開いたんだ。この世界は愛に満ち溢れている」。筆者は1時限目の授業で先生が入ってきて、学級委員が起立、礼を言うが早いか先生に駆け寄り、その話をし始めました。

「お前、何わけわからんことを言っとるんだ? 今は授業のじゃまになるから後で職員室に来い」といわれました。突然の言動に友人たちは、「こいつ、ちょっと前からおかしかったけど、とうとう狂いよったで!!」と噂し、筆者は職員室で厳しく注意されてしまいました。

帰宅してその夜、今日の学校のことを思いだしながら寝床についているとき、母が2階にある僕の部屋にやってきました。「おじいちゃんが亡くなったって、いま知らせがあったよ」。

それから3日ほどは大阪を離れ、富山県魚津市で祖父のお通夜と葬式に参列しました。その間、親類や親たちの態度にはずっと違和感を感じて過ごしていました。

大阪に帰ってきてからまた、学校で説いてまわったのですが、誰一人として分かってくれない。

筆者もこの体験を分かってもらえるように説明することがなかなかできませんでした。

そのうち筆者はどんどん落ち込んでいき、とうとう自閉的になってしまいました。ずっと神秘体験の時の恍惚状態が続いていれば落ち込むことはなかったはずですが、それを説いてまわろうとしたときからいつの間にかその体験は記憶になっていたのです。筆者は深い孤独と絶望の中で自閉的な傾向はますます強くなり、もうこの世界にいたくないと思うようになりました。

そんな時、母が今朝見た夢の話をしてくれました。そして学校へ行くと友人が今朝見た夢の話をし、ものすごく不安な気持ちになったと話してくれました。母と友人の見た夢を僕が聞いた瞬間、その意味を理解しました。母も友人も変容していく僕のことを心配してくれていることが分かりました。

その想いに触れた時、僕の孤独に一筋の光が灯りました。「そうだ、僕は日常の意識状態に戻らなければならない」。心の奥深くで、力強く「戻ろう‼」という声が響き渡り、筆者の落ち込みは回復していったのです。この神秘体験は、エドガー・ケイシーを知ったことと、決して無関係ではないと思います。

そして数年後、筆者のこの体験と同じような体験をした人たちのことが、一冊の本に書かれているのを発見して驚きました。それはコリン・ウィルソン著『至高体験』（河出書房新社）という本です。そしてイギリスの詩人、ウイリアム・ブレイクの有名な詩は、まさに筆者の神秘体験を表現したものだと感じました。

一粒の砂の中に世界を、一輪の野の花に天を観る時、あなたの手のひらに無限が、そのひととき永遠がある。

エドガー・ケイシーの人類創世

筆者が日常の意識状態に戻ってきた時、あんなに身近に感じられていた世界が、ものすごく遠のいてしまったのを実感しました。これから筆者はどうすればいいのか？　「体験したことの意味を知るためには、やはりこれまで続けてきた超常現象の探究を継続していくしかないのではないか」と思いました。

心霊科学、超心理学、外側を観ていた筆者の探究はあの体験の後、いつしか内面へと向かっていきました。コリン・ウイルソンの至高体験やウイリアム・ブレイクの詩に出会った筆者は、ユングやマスロー、さらに悟りの心理学と言われた超個心理学（トランスパーソナルサイコロジー）などの文献を読み漁りました。

至高体験に導かれるきっかけとなった、エドガー・ケイシーはなんと言っているのでしょうか？

ケイシーによると、神が「自らを表現したい」という思いの中で大宇宙系が投射され、「神（ご自身）とともに宇宙を創造する仲間がほしい」という思いから魂が生まれました。霊的存在としての人間は、神のイメージの中で、すべての魂が一瞬のうちに創造されたのです。

魂たちは宇宙の中で地球を発見し、その美しさに魅せられました。そして今から１０５０万年前の太古に、１億３３００万の魂たちが地球に降り立ちました。

「諸々の美しさを感じてみたい」と望んだ魂たちは、自らを海や風、草木や森、花、鉱物など、さらには動物たちの中に混ざり込ませ、神が創造することを楽しむように想念体を創り出しました。これを「魂のもつれ込み（エンタングルメント）」とケイシーは表現しています。

やがて魂たちはその流れの中に巻き込まれてしまい、抜け出せなくなってしまいます。意識がまどろみの中で自らの存在を忘れ、想念体の結合により、異形の生物が生まれました。ギリシャ神話に登場する半人半馬や一つ目の巨人などはそれらの遺物なのです。

自らを忘れ、魂のもつれ込み状態から抜け出せなくなった魂たちを救い出すために、いわゆる第２陣の新たな魂たちが地球に送り込まれました。彼らはその時最も進化した生物である類人猿に目をつけ、念力で類人猿を急速に進化させました。こうして、霊的存在の入るべき完全なる肉体としての人間が誕生したのです。

それは、もつれ込み状態から抜け出せなくなった魂を自らに目覚め、救出させるための器でもありました。そうしてその後、レムリアやアトランティス、エジプトなど、人類の歴史が展開されていくことになるのです。

至高体験の考察

筆者の至高体験を鑑みた時、本来、霊的存在としての人間が普通持っている能力、才能、それを祈りともいえる、強い願いに応えた神によって、垣間見させられたのではないかと考えられます。人間は5感という限定された、いわば魂にとっては牢獄のような世界に生きていますが、本来は五感を遥かに超えた無限の感覚を持つ自由な存在なのです。

至高体験したての頃はそれは明らかに特殊な体験で、誰もが体験できるものではないと思っていましたが、年月を経ると共に考え方も変化してきました。それは特殊な体験などではなく、本来は誰もが日々、日常生活で体験しているものなのではないかと考えるようになってきたのです。

条件は3つ、体の力が抜け、リラックスしている時、思考が途切れた時、そして何らかの刺激により、自我が取り払われてしまった時、人は空間と自分を隔てている壁を飛び越えるのです。至高体験が人生を大きく変えてしまう津波だとすると、日常で体験していることは穏やかなさざなみ程度なのかもしれません。でもそれは明らかに同じ体験なのです。

それは人生においてはどんなシチュエーションの時に起こるのでしょうか?

例えば大きな仕事をやり遂げるために会社で夜を徹して取り組んでいたとしましょう。朝方までかかって仕事をやり終えた時、会社のビルの屋上で温かい缶コーヒーを飲みながら登る朝日を眺めていると、全身の力が抜けてリラックスしてきます。そんな時、一瞬思考がとぎれ、自我がスコンと取り払われてしまう経験をするかもしれません。至高体験はあなたが考えている以上に身近に存在するのです。

死を受け入れた友人との対話

私達は死んでしまったらもう終わりで、後には何も残らないのでしょうか？　それとも私達の生命は永遠で、肉体のなくなった後も霊的存在として死後の世界で生き続けるのでしょうか？　本で読み、知識としては知っていても、いざ自分が死ぬ時になってそれを素直に信じられるものでしょうか？

人間は誰でも必ず死にます。でも自分が死ぬということを理解している人は少ないのです。ほとんどの人は死を見つめることなく生きています。人間は死ぬけど自分は死なないと思っているのです。

死を見つめることにより、今の生き方を真に輝かせる、本当の生、本当の幸せを実感することができる。筆者は２００５年5月、20年来の友人、側崎光司さんと語り合ったことで、そのことを再認識することが出来た気がします。彼は自らの死を受け入れることで、これまでのわだかまりや欲を削ぎ落とし、本当の幸せがどこにあるかに気づいたのでした。

「側崎さんが僕の家の近くにある病院のホスピス病棟に入院した」という知らせを受けたのは、４

月の終わり頃のことでした。友人の病気は癌でした。半年前に発見された時には、もうあちらこちらに転移していて、現代医学では手の施しようのない状態でした。3年前に両親を立て続けに癌で亡くし、1人で暮らしていたため、本人自身が癌の告知を受けることとなりました。僕は半年前に彼から受けた電話を思い出していました。

側崎「えらいこっちゃ～、余命6ヶ月といわれてしもたでぇ～。あんたは代替医療の情報をよう知っとるやろう。これから癌と戦うのにいろいろと情報面で協力してくれへんやろか」
魚田「わかったよ側崎さん。僕も側崎さんにはもっともっと長生きしてもらいたいし、できる限りのことはするよ。でも友人ができることにはどうしても限界がある。どんな治療法でも、やるのは側崎さん本人なんだよ」
側崎「うん、わかっとるよ、俺もこんなんで死ぬつもりはない。絶対完治させたるでぇ～!!」

その後、彼の病状は少しづつ快方に向かっていくように思われました。「もしかしたら奇跡が起きるかもしれない」と友人たちも思い始めていました。でも今年（2006年）に入り、彼は急速に弱り始めたのです。検査の結果、癌が大きく成長していることがわかり、彼はショックを受け、病院のホスピス病棟へ入る決意を固めたのでした。

僕は5月半ばに彼の見舞いに行きました。ただでさえ痩せていた彼が、もう見る影もないほど痩せていたのに僕はショックを受けました。でも顔面にはまだ生気がありました。

側崎「よう来てくれたな‼　あんたには世話になった。感謝してるでぇ。俺も奇跡起こすつもりやったけどだめやったでぇ」

魚田「側崎さん、奇跡は今からでもきっと起こせるよ。まだやれることはあるんじゃないのかい」

側崎「いや、もう無理やで、それにいろいろなものがふっきれたら楽になったでぇ……。もうそろそろやでぇ……」

静かに微笑んだ彼を見て、僕は彼にはもう覚悟が出来ていることを悟り、話題を変えた。

魚田「そうかい。旅立つ前に僕にできることはあるかなぁ。この病院は家から近いし、毎日でも来れるけど」

側崎「そうか、ならときどきタバコが無償に吸いたくなるんや、そんな時に呼んでもええか？」

魚田「ＯＫ、それなら来れる時は来るよ。でも家にいなくて遠くに出ている時もあるからその時は来られへんで」

側崎「まぁそん時はしゃあないわ」

それから数日後、彼から電話が入り、その後、夜の7時半頃に見舞いに行って、彼を車椅子で外に連れ出し、3、40分ほど散歩して病院に帰るのは僕の日課となりました。それは約一週間ほど続きました。

側崎「ホスピスに入る前は何となくいややったけど、入ってみたら天国やなぁ。なんもせんでもええし、みんな見舞いに来てくれるし、今はほんの小さなことでも嬉しいてしゃあないんや。こんな幸福感は長い間忘れていた気がする……。

俺は医者によると今死んでもおかしくない体や。でも一月ぐらいもつかも知れん。奇跡が起きて治ることもあるかも知れんなぁ、どうなるかは俺にもわからんけど、でも元気になったらなったでまたいろんな欲が出てきて、今感じている幸福感も忘れて、またいらんこと考えるんやろうなぁ……。どっちがええか分からへんわ」

側崎「今はこうしてしゃべっていられるけど、死ぬ前になったらもっと体が弱って来て、動くことも出来んようになってしまうんやろうなぁ」

魚田「側崎さん。体の力が弱くなったら霊的な力が強くなるんだよ。動けなくなったら体外離脱して霊体で自由に動き回れるようになるよ」

側崎「そうやな〜。体外離脱かぁ。死ぬ前に一度体験してみたいもんやなぁ（笑）。そういえば昨日寝ているときに親父が来て掛け布団をほんの少しやけど、上にあげてくれたような気がしたんや。そんなことでも今はありがたいなぁと思えるんや」

側崎さんのご両親は3年前に立て続けに他界されています。僕はこの会話で彼にお迎えが来ていることに気づきました。

元気な時には、どちらかといえば愚痴の多かった側崎さんの語り口は、まるで別人のように穏かで、今ある永遠の幸せを実感しているようでした。人は死を受け入れると、これほどまでに穏やかに、そして強くなれるものなのか。彼とは一緒にエドガー・ケイシーや霊的なことを探究したこともありました。

ケイシーは、死後の世界を「神の他の扉（God's Other Door）」と表現していました。死とはただ生の始まりに過ぎず、ひとつの部屋から別の部屋に移るようなもの、あるいは春、夏、秋の移り変わりのようなもので、恐れるものはなにもない。やがて多くの人が死は存在しないということを理解するようになる。１９９８年以降にはそのような時代がやってくるだろうとケイシーは語っていました。

彼はその時、明らかにケイシーの語る神の他の扉の前に立ち、しっかりと何のわだかまりもなく扉を見据えていました。彼との語らいは僕にはとても大切な、かけがえのないひと時となりました。―死は存在しない―語らいを通して、僕はそれを本で読んだ知識としてではなく、実感することが出来たと感じています。

5月22日の日曜日には、「これから家に帰って一晩外泊するので今日は来ないでもいい」という電話が彼から入りました。彼の以前からの希望が、お兄さんの付き添いで実現したのです。その後、月曜日から彼は日を追うごとに弱っていきました。言葉がはっきりしゃべれなくなり、幻覚がよく出てくるようになりました。

なくなる前は、顕在意識と潜在意識を分けている識域が曖昧になります。生きている人の顕在意識は死ぬと潜在意識にとって代わるとケイシーも言っています。幻覚とは起きながら夢を見ている、ちょうど白昼夢のような状態ではないかと思います。側崎さんにそれが始まっているのが分かりました。

26日に病院を訪れた時には、彼は外に連れ出せる状態ではありませんでした。僕が来ていることを知ると、彼は一生懸命に起き上がろうとして力尽き、何度もそれを繰り返そうとするのです。その仕草が痛々しくて見ていられませんでした。

「大丈夫か？　側崎さん、無理しないで」。僕は彼の手を取り、しばらくは彼を見守っていました。お姉さんが来られていましたので、「来週の月曜日にまた来る」と告げて病院を後にしました。お姉さんからは「その時まではたぶん持たないと思います」と言われていました。

5月28日の朝、彼は穏やかに扉の向こうへと旅立っていきました。僕は知らせを聞いて、「よかったね側崎さん」とつぶやきました。「やっと扉の向こう側に行くことが出来たんだね」。

彼はもうしばらくはこの世界にとどまっているだろう。肉体のしがらみから解放されて霊体で自由に動きまわっているに違いない。

今、こうして彼のことを書いていると、扉の向こう側から彼の声が聞こえてくるようです。「おいおい！　あんた俺をネタにするんかい。まあしゃあないか。許したるけど、うそは書かんとってやぁ」。そういいながら彼はとても喜んでくれていると僕は感じている……。

ファンタジー

２００６年６月22日、雨の日。

側崎「雨の中ようきてくれたなぁ」

僕「なんか小高い丘の上で見晴らしのいいとこだね」

側崎「まあええとこやけど、別に俺ここに住んでるわけやないし、あんたやったらそんなこと分かっとるやろう」

僕「うん、まあね。わざわざ降りてきてくれたんだね。ありがとう！」

側崎「別にこっちでは手間のかかることやないし気にせんとって、それよりあんたのほうが大変やったなぁ、別にここ、こんでも話できるやろう」

僕「うん、でもここは側崎さんのこちらの世界での象徴でもあるし、一回ぐらいは来ておこうかと思って……。ところでそっちの生活はどう？」

側崎「うん、まあ元気でやってるわ、まあ元気ゆうのもおかしいけどなぁ、こっちの勉強しとって良かったわ、けっこう役に立ってるでぇ、話し変わるけどあんた、俺がこっちくる前にF君と一緒に祈ってくれたなぁ、ありがとうなぁ」

僕「え⁇　何の話？　もしかして前の日（２００５年５月27日）の多賀大社？」

側崎「そうや、実は俺あの時あんたの横におったんやでぇ、あんたのいうとおりやったでぇ」

僕「それは気つかなかったなぁ。やっぱりあの頃は自由に動いてたのかぁ、まあ多賀大社行くようになったのは、急に彦根に行がざる終えなくなってそのついでだったけど、偶然が重なったわけで、普通はあんな日に行かないよ」

側崎「アマテラスの親神とはなぁ。最高の引導やぁ、嬉しかったでぇ……。いや偶然やゆうてもあんたが霊的なことわかるから実現したことやし、あの後のびわ湖畔の光景みたやろ」

僕「え？　……。　まっ、まさか1月後にKS女史に言われたこと、ほんとだったのかぁ‼」

側崎「そうやぁ。まぁささやかなお礼でもあったけど、あんなことしかできんけどなぁ」

僕「おいおい、あんなことって‼　凄かったよぉ‼　まさに荘厳な奇蹟の光景を見せられたようでF君と２人で感動してたよ」

側崎「まあ霊的存在からしたら大したことやないけど、あんたもこっちにきたら分かることや。少しばかりの知識と体験はあってもビックリするでぇ。想像を絶する世界やなぁ。あ、あんたがこっち来るより先に俺がまたそっち行きそうやなぁ」

僕「え?、生まれ変わり?　そんなに早いの?」

側崎「昔とちごて最近は早いみたいなぁ……。またそっちで逢える日楽しみにしてるでぇ」

彼の言葉が早いか僕の脳裏に一つのビジョンが浮かんできました。公園のような広場のベンチに、タキシードを着て帽子をかぶり杖を突いた老人が腰掛けていると、そこに5歳ぐらいのマントを背に付けた幼児が走り抜けようとする。

幼児は突然老人に気づき、引き返して老人の前に立ち、うつむいている老人の顔を覗き込んでいる。老人も気づき幼児の顔を見る。幼児が老人に微笑みかけ、老人も微笑み返す。涼やかな秋の日差しと落ち葉が舞う朝の公園の平和な光景……。

「おっ……、おい……、この光景!!」。思わず目を明けた僕の前に、側崎さんの微笑みかける顔が一瞬見えたかと思うと静かに消えていきました。気が付くと、広げた傘に突き刺さるように激しい雨音……。

「雨がさっきよりひどくなったか」。ここは泉南メモリアルパーク、1年前になくなった友人の墓参りをして、僕は先ほど雨の中、傘を差しながら墓前でしばらく瞑目していたのです。これはその短い瞑目の間に交わした会話、見た光景は未来の光景?　いや、遠い過去に経験した魂の邂逅のような印象です。僕が老人で彼が幼児?。ファンタジー? それとも……。

●多賀大社へのお参り

僕が側崎さんと語り合ったのは2005年5月末でした。5月26日に側崎さんを見舞った後に、僕の最も古くからの友人、藤本弘二くんから電話がありました。明日、トラブル解決で彦根に行くことになり、人手がいるので助けてもらえないかというのです。

僕は了解し、翌日27日朝から彼の運転する軽トラに乗って彦根へと向かいました。藤本くんも側崎さんとは知り合いだったので、車中でこの2週間ほどの側崎さんとの語らいの話をしました。彦根で積荷を降ろしてトラブルごとはすぐに解決、早いうちに帰路についたのですが、車中で僕は多賀大社に寄りたいと彼に頼みました。

過去に一緒に神社にお参りに行ったこともある側崎さん、もう肉体から離れるのは確実なので、せっかくアマテラスの親神、イザナギ、イザナミの祀られている多賀大社の近くまで来たのだから、そこで側崎さんの冥福をお願いしたいと考えたのです。共通の友人でもある藤本くんも快諾して一緒に多賀大社の拝殿で祈願しました。

そして帰路についた僕たちは琵琶湖畔を走っているときに自然の光と影のコントラストが織りなす奇蹟的な光景を目撃することになりました。目の前の琵琶湖の半分は上空に暗雲が漂い、下では雨が降っているように見える。でもその半分は雲ひとつない青空が広がり、太陽が湖面を照らしているのだ。

なんと荘厳な光景。藤本くんが感動して叫んだ。「まるで太陽の輝っている方で今、側崎さんが天に登っているんじゃないかなぁ〜、なんかそんな感じがするなぁ〜」彼の名前は側崎光司、肉体を離れて霊的存在となり、まさに名前の通り光を司る男になったのかもしれないな（笑）「アデュー、側崎さん……」

柴田久美子さんと看取りの世界

２００５年６月、大阪梅田に近い中崎町に古民家を改造して運営している天人（アマント）という喫茶店があります。そこで柴田久美子さんという方の講演があるらしい。

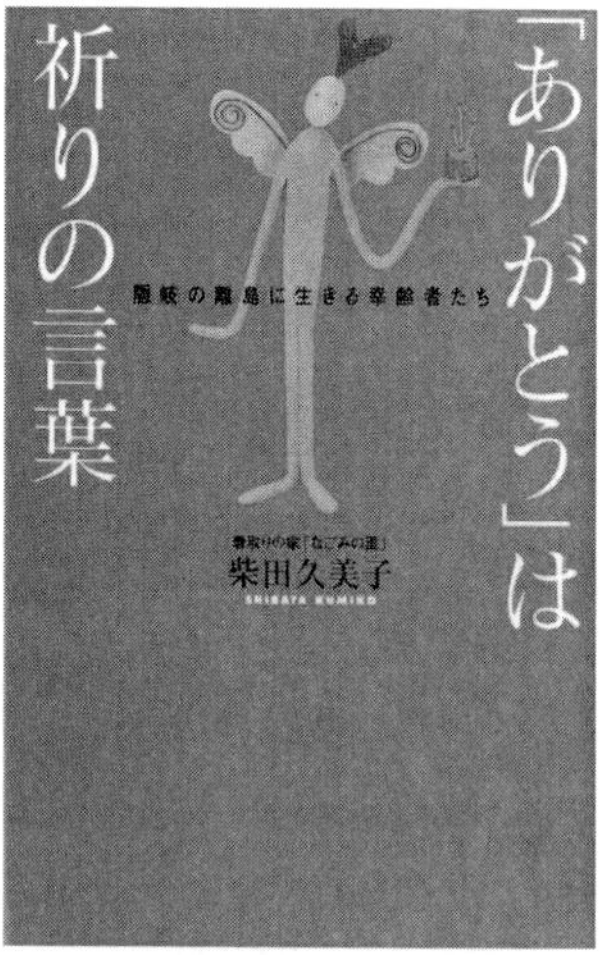

柴田さんは島根県の知夫里島でＮＰＯ法人、看取りの家「なごみの里」を開設して、終末期を迎えた高齢者と生活を共にしながら、全国各地で死の尊厳を伝える講演をして歩いているという。ケアのカリスマとか、日本のマザーテレサとか呼ばれ、注目されている人らしい。僕は側崎さんのことがあったので興味を持ち、聴講することにしました。

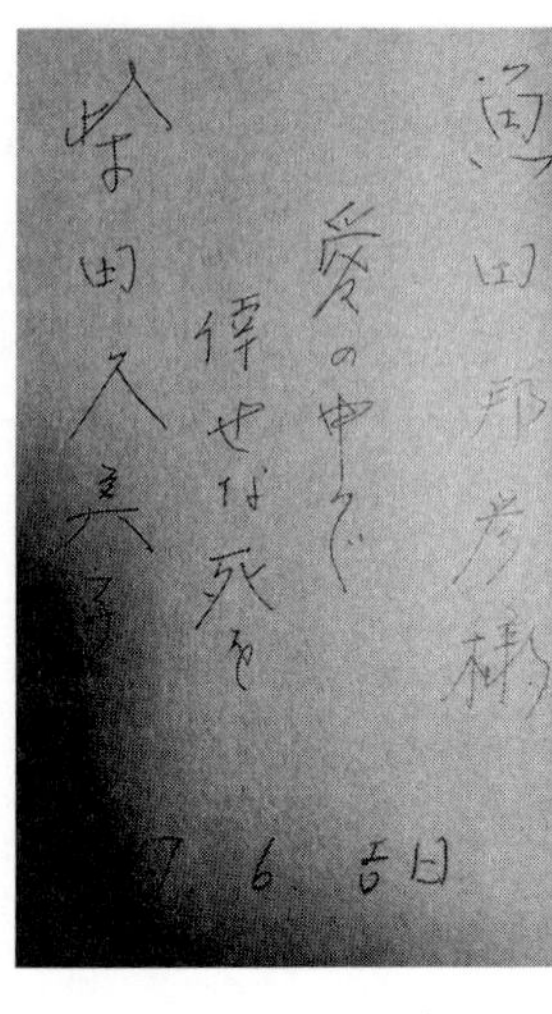

講演では御自身の体外離脱体験の話、お父様を看取られた時の話、そして、なごみの里の看取り体験の話などがありました。

高齢者は死が近くなると先立たれた近親者のお迎えが来て、体外離脱を繰り返し体験して、この世とあの世を行ったり来たりしながら、死が怖いものではないことを少しづつ認識して、安心して旅立つのだそうです。

「多くの人を看取ってきた経験から、今ではお医者様よりも旅立ちの時が正確にわかるようになってきました」と語られていました。講演が終わり、質疑応答の時間に、僕は側崎さんの体験を柴田さんに話してみることにしました。

柴田さんは僕の話に対して、とてもよく理解し、的確に答えてくださいました。「多賀大社に参拝したとき、きっと彼は傍らで一緒におられたと思いますよ」という言葉をいただきました。僕は柴田さんの著書を購入し、サインしていただきました。

1年後、友人の岡本忠興くんから電話がありました。彼は側崎さんが生前僕に紹介してくれた青年です。

「側崎さんが亡くなってもう1年になるので、いちど一緒に墓参りにでも行きませんか?」という電話でした。6月22日は雨天でしたが、岡本くんと合流して、一緒に側崎さんの墓参りに行きました。その時、墓前で手を合わせている短い間に観たビジョンは、先程のファンタジーに書いた通りです。

●高齢者は幸齢者、そして肉体を離れて光（齢者）となる

時は流れ、２０１４年、側崎さんが他界して9年の歳月が過ぎ去りました。側崎さんは僕より9歳年上だったので、僕は側崎さんが他界した年齢に到達したことになります。２０００年3月に大学卒業後から勤めていた印刷会社を退職した後、わずかばかりのアルバイトとエドガー・ケイシーの研究会や講演会、ホロスコープセラピー依頼を中心に活動してきた筆者は新たに介護の世界に身を投じようと考え、介護士の資格を取得しました。

ケイシーリーディングには人を助けることが、自分自身を助ける最良の方法であること、自分のことはほっといても人助けをせよとか、体の不自由な人を助け、目の不自由な人の目になりなさいなど人助けを推奨する言葉が多く残されています。その言葉に後押しされたこともありますが、自らは難病になりながらもデイサービスでボランティアの活動をしていた母を模範としたこともあります。

柴田さんの著書『ありがとうは祈りの言葉』の中に高齢者は実は幸せに年齢を重ねた幸齢者であり、お世話させてもらうことを通して、私たちは幸せのおすそ分けをいただいているのだという思想があります。

なるほど、それなら僕もその精神で介護の仕事をしようと考えたのです。その後二つの施設で合わせて5年以上も介護ホームで働く経験を積みました。その間でも旅立たれる利用者様との間で看取りにもつながる不思議な体験をたくさんさせてもらいました。それらの話はとても興味深いものではありますが、今回は割愛させていただきます。

介護ホームでの体験を友人の即興ピアノセラピスト、通称ハッピーさんの主催するピアノサロンで話したとき、「高齢者は幸齢者、そして旅立たれた後は光(齢者)となって、残された人たちを見守っているんですね」と彼は語りました。「そうか、みんな光に帰るんだな……」筆者はしみじみ思いました。

●母と兄の他界

僕が1つ目の介護ホームで勤めていた時期に、神戸の流通関係の会社に勤めていた兄が、仕事中に急性心筋梗塞で倒れ、心肺停止状態で病院に緊急搬送、緊急手術になりました。なんとか一命はとりとめたものの脳に障害を負ってしまい植物人間状態になってしまいました。

母が兄の状態に心痛め、元々患っていた病気が悪化してきました。家族の状況を鑑み、僕は一つ目の介護ホームを退職することにしました。兄の住んでいた場所を片付けて引き払ったり、母の世話をするうち、母の病状が安定してきたので僕は二つ目の介護ホームで働くことができました。

僕は柴田久美子さんが発足させた「日本看取り士会」で、「看取り士」の資格を取得しました。

母が入退院を繰り返すようになり、僕は2番めの介護ホームも退職して、母の介護に専念しました。２０２1年4月23日、母が他界、その半年後の10月1日、兄が入院している病院から、「兄の容態が良くない」と知らせを受け、兄の様子を見に行きましたが、兄は肩をたたいても揺すっても目を覚ましませんでした。

その夜、夢の中で兄が家に帰ってきました。兄は元気で力強い声で僕に語りかけました。

「邦彦、帰ってきたぞ、病気はもう治ったよ。心配かけたなぁ～」

すると傍らから母が出てきて兄に語りかけました。

「豊彦、帰ってきたのかい？　もうすっかりいいのかい？」

「はい、もう大丈夫です。心配かけました」

「よかったねぇ～!!」

僕は涙が出るほど嬉しくなりました。３人で輪になって兄の帰還を喜び合いました……。

ふと、僕は目を覚ましました。目は涙で溢れています。この夢の意味を僕は一瞬の内に理解しました。「もう兄は長くはない」と……。

寂しくなんかないよ。だってこれは嬉し涙じゃないか。

兄貴はもう既に旅立っているんだね……。

2021年10月7日夜、兄が他界。

死は存在しない—夢を通じての霊界通信

母と兄が他界した後、僕は精神的にも追い詰められてきて、不安な日々を過ごしていました。

そんなある夜、不思議な夢を見ました。夢の中で僕は今、夢を見ているということをはっきり認識しているのです。一般的には明晰夢と呼ばれている状態で、これは今見ている夢がただの夢ではないことを暗示していました。

そして夢の中で母が出てきました。母の年齢は他界したときよりも若く、今の僕よりも若く見えるのです。僕は、母が他界していることも知っていたので、母に話しかけました。

「あれ？　なんだぁ？　お化けになって出てきたのか？」僕は両手首をだらぁ～んとしたポーズを取り、「うらめしやぁ～」と母に向かって言うと、母は笑ってくれました。しかしその笑い声は僕の内側に響いてきました。夢の中の会話というより、まるでテレパシーで話しているようです。

「あ、でも誰も恨んでないからお化けじゃないよね（笑）」と僕が言うと、母が近づいてきて、僕を抱きしめてくれました。僕はなんか照れくさいような感慨に浸りました……。と同時に抱かれている時のリアルさを実感したのです。

母は死んでいるのに、ここは夢の中なのに、なぜこんなにリアルなんだろうか？　抱きしめられている腕の感覚、そしてなんて胸の中がポカポカと暖かいんだろう？

母の息遣いまでが僕に伝わってくる。そのリアルさ、暖かさを僕はしっかりと感じ取りながら、

「母は生きている。間違いなく違う世界で生きているんだ‼」

僕はそれを一つ一つ確認するように実感していき、それを確信しました。

すると、僕が確信するのを待っていたかのように、母は抱きしめている腕を緩め、僕から離れたのです。そしてクルッと背中を向けて、窓際の方へと歩いていきました。窓をバックにして僕の方を振り返ると、窓の外にものすごいスピードでアダムスキー型の円盤があらわれたのです。母がスゥッと消えたと思うと窓の外の円盤が、またものすごいスピードで飛び去っていきました。

円盤が飛び去るのを見届けてから、僕は目を覚ましました。リアルな腕の感覚や、夢の中で感じた胸の暖かさが目覚めた後も続いていること、その体感をしっかりと確認しました。それは目覚めてから１時間近くも続いていました。

母は別の世界でちゃんと生きていて、今もそこから僕のことを見守ってくれているんだ。そしてそのことを僕に伝えるために、夢の中に出てきてくれたんだなぁ……。

寝る前には精神的に追い詰められていた気持ちは、目覚めたときはすっかり消え、僕は精神的安定を取り戻していました。

「ママ、ありがとう‼　僕はもう寂しくなんかないよ。しっかりと僕の人生を、僕が生まれてきた目的、やるべき使命を果たしていくよ。天から見守っていてね」

そしてある時、僕は夜遅くまでパソコンで作業を続けていると、なんとなく瞼が重くなってきま

した。時間は日付変更線を1時間以上も過ぎていました。

「もうそろそろ眠るとするか」。僕はパチパチと目を瞬きさせながらパソコンを閉じていると、突然、身近に兄がいると感じました。ほぼ同時に、閉じた瞼の裏に兄が現れたのです。「あ、兄貴」と思うと、兄はニコッと満面の笑みを僕に向けたのです。

僕は目を開け、今見た光景を思いだしながら、自分がまだ寝ていないことを確認しました。「そうだ、僕は瞼を閉じただけで、寝たわけじゃないんだ……」。

「そうか、母だけじゃない、兄もちゃんと僕のことを見ていてくれる。そしてそのことを、兄なりに、僕が確実にわかるような形で出てきてくれたんだなぁ……」。

僕は母と兄に深く感謝の祈りを捧げました。

第8章　新たなる死生観の地平をひらく

愛は死を超えて存続する

母と兄が死後に、僕の夢やまどろみの中に現れた体験で、僕は大いに癒やされました。母は夢に出てきた時、すでに亡くなっているのに、抱きしめられた腕の感触、心臓の鼓動、暖かさなどはまるで今、肉体を持ってリアルに生きているようでした。そして、その時の僕よりも若い姿で現れました。エドガー・ケイシーのリーディングは僕の体験を肯定しています。

物質的体から解かれても、物質から解かれるわけではない。物質の形が変わるだけで、意識世界では、肉体にいるのと同じほど、否それ以上に鮮烈な感覚を持つ。（136-33）

問　私の父と彼の2人の兄弟は年を取ってから亡くなったのに、なぜ私が会った時彼らは若かったのでしょうか？

答　彼らは、いわば永遠の次元で成長しているのだ。何故ならば、それはすべての実体が経験するであろうことだが、死は誕生なのだ。成長している者たちは従って彼らの成長状態で現れるのである。（516-4）

生前、愛の絆で結ばれていた人が、死後に会いに来る体験は、実は皆さんが思っている以上に多

いのです。筆者はこれらの体験の事例を集めて、分析研究した素晴らしい書籍を過去に読んだことがあります。

ビル・グッゲンハイム＆
ジュディ・グッゲンハイム
飯田史彦［責任編集］
片山陽子［訳］
生きがいのメッセージ
愛する故人たちが、今、貴方に語りかける
地上で生きることの意味／目的とスピリチュアルの真実
飯田史彦『生きがい論』シリーズの特別編!!
人間×宇宙×
5次元文庫
徳間書店

日本では累計１８０万部を超えるベストセラーとなった「生きがいの創造」シリーズを手掛けた飯田史彦教授が、この分野の優れた研究書を「生きがいのメッセージ」（ビル＆ジュディ・グッゲンハイム夫妻共著）と題して、シリーズの番外編として翻訳紹介しています。

その本によると、これらの体験は超心理学ではＡＤＣ（アフター・デス・コミュニケーション＝死後の交信）といわれているそうです。

僕がＡＤＣ体験を複数の人に話すと、「自分にも同様の体験がある」と話してくれた人が何人も現れました。体験者は潜在的にかなりいるようですが、彼らが日常生活で話題にすることがほとんどないため、これまで世の中で広がることもなかったのです。しかし、体験した人々の意識は大きく変容しています。

愛する故人とのＡＤＣ体験は、なぜ多いのでしょうか。人間が死を迎える時、その人生で得た富や名声を持っていくことはできませんが、どうやら愛の絆は死を超えて存続するようです。そして故人たちは生前親しかった人達の声に耳を傾け、いつも見守ってくれているのです。それゆえ、死後も交信しやすいのです。エドガー・ケイシーは世を去った人々が、光に導かれるように祈ることも勧めています。他界した者は義人の祈りを必要としていて、その祈りは多くの罪人を救えるそうです。

問　それでは、私の母は変わらず私を見ていて、私を愛してくれているのでしょうか？

答　常に変わらずあなたを見つめ、あなたを愛している。この物質界において（母の愛の）力が顕されたように、あなたがあの実体（母）の願いに同調できるように思い、願い、その状態に身を置くなら、その愛が存在する。（136-33）

世を去った人々のためによく祈りなさい。神は生きている者の神である。神のもう一つの戸口をくぐった人は、地上で愛した人の声を聴いている。それは地上意識の中で感じた、最も親しみを覚える声である。（3594-1）

ともに祈ることを忘れてはならない。引き留めるためではなく、彼もその経験の中で光への道を歩めるようにと祈れ。これはよいことである。他界した者は義人の祈りを必要としている。義人の祈りは多くの罪人を救えるのだ。（3416-2）

●死の解釈が容易になっている現代

僕がニュース番組でインタビューを受けた40年前とは違い、現代は霊的なことが潜在的には大いに受け入れられているように感じています。「百聞は一見に如かず」といいますが、死後の生命に関する百聞に当たるそれらの類書は、巷に溢れかえっており、僕のような体験をした人の話を本で読んだり、聞く機会はとても多くなりました。テレビドラマや漫画、小説の世界でもスピリチュアルを扱った物は格段に増え、心霊はお盆に特化した夏の風物詩などではなく、年間を通じて語られるようになりました。

単純に心霊を恐怖という概念で断じてしまう傾向も以前と比べてかなり減りました。エドガー・ケイシーはかつて「死は存在しない、文字通りの意味ではない、死の解釈が容易になるということだ」と語っていますが、まさに現代は死についての解釈が容易になっていると誰もが実感できるのではないでしょうか？　今後このことは、人類にとっての新たな常識となっていくでしょう。

　死はない。物質界から霊界へ移るだけである。肉への誕生が新しい肉体生活を画すように、肉の死は新しい霊的生活の誕生を画す。（136-33）

　生まれること、死ぬこと、それは春夏秋冬の巡りに似ている。それは霊界への誕生、物質界への誕生である。

●天国はどこにあるのか

私達は肉体の死後も意識として存続するのであれば、死後の世界、いわゆる霊界とは一体どこにあるのでしょうか？この宇宙の何処かに存在する場所なのでしょうか。

1966年、ザ・フォーク・クルセイザーズによって、交通事故で死んだヨッパライが天国へ行って戻って来る「帰ってきたヨッパライ」という曲が大ヒットしました。ヨッパライは長い雲の階段をフラフラと登り続けてやっと天国の門に着いたと歌っています。多くの人が天国について思い描くイメージは高い空の上、雲の中、地獄とは暗い地の底にあります。そして死後の世界に行く前には三途の川を渡ると信じている人が多く、臨死体験でもそのような体験が報告されています。

エドガー・ケイシーによると生きている人の顕在意識は、死ぬと潜在意識に取って代わるそうです。そして潜在意識の底にある超意識は死者にとっての潜在意識となります。物質界で形を取っている肉体は死ぬと霊界で魂が形を取り、魂体となります。

それが肉体以上に鮮烈な感覚を持つので、死んだら塵に帰ると信じている人は生きている時と同じような感覚なので、死んだことを理解するのに時間がかかります。自分の葬式を目撃したりしてだんだんと気づいていくわけです。

死んだばかりの人は光の導きを受け、天の神の御下へと帰っていくのです。私達が光の道を歩めるようにと祈ること、それが他界した人への義人の祈りなのです。

現代では多くの人が他界した人の「御冥福をお祈りします」と遺族に告げるようになってきまし

たが、これは光に導かれますようにと同じ意味なので、義人の祈りは多くの人によって唱えられているのです。

光に導かれなかった魂たちはこの世への未練や情念の重さに応じて、浮遊霊とか地縛霊、怨霊などになってしまいます。幽霊とかお化けとか言われる存在、これは本来の霊的存在ではなく、例えれば病気のような状態です。

一方、光に導かれて神の御下に帰った霊的存在は神や仏のような存在になります。神道でも亡くなった人は神として祀られたり、仏教でも人は死んだら仏様になると信じている人は多いです。

神は大洋に例えると人間はその一雫で大洋と一体です。そして死後の世界、天国、地獄とは場所のことではありません。それは心の状態なので、霊界は私達の心の中にあるのです。私達は死んだら天国に行くのではなく、死後に行く世界を日々、自らの心の中に創造している、いわば、天国へ向けて成長しているのです。

●人は神より出でて神に還る

例えば母を亡くした遺族に気休めのように語られる言葉「お母さんはあなたの心のなかにずっと生き続けていますよ」とか遺族が小さな子供だった時、「お母さんはね。お星さまになったんだよ。いつも天から君のことを見守っているよ」と言われることがありますが、これがどちらも本当のことだったとしたらどうでしょうか？

僕は17歳のときの神秘体験でモンシロチョウや木、さらには空に溶け込みそうな感覚を体験しました。それは1977年の春の体験でしたが、その後30年近くたった2006年に「千の風になって」という歌が大ヒットしました。

僕は自らの神秘体験から、「私は千の風になって、あの大きな空を吹き渡って……」という歌は真実を語っていると思えるのです。神の分霊となった霊的存在は神のようになり、偏在するのではないかと思います。

エドガー・ケイシーによると、神が人間に与えた最大の祝福は、自分自身（個別の魂）でありながらも全体（神）と一つであることを認識できる魂であるということです。それゆえ、魂は生前、深い愛や友情の絆で結ばれた人たちのことを覚えていて、いつも見守っているわけです。そういう存在は幽霊というより神々、あるいは神仏なのです。恐怖するのではなく、感謝すべき存在なのです。

肉体が死ぬと、物質界における魂が体になる。また潜在意識が肉体に関係するように、物質界で超意識と呼ばれているものが、その人の潜在意識になる。潜在意識は魂体の心、あるいは知性となる。（900-304）

問　死ぬと肉体の感覚はすべてなくなるでしょうか。そうでなければ、どの程度の間感じ続けることが出来ますか。

答　無意識になった経過、意識がどの程度死を学んでいたかで、時間は違ってくる。死は神のもう一つのドアをくぐることに過ぎない。死後にも意識が存続することはその印象を霊媒が感受することからも証明できる。死にどれほどの時間を要するのか。多くの者が死んだことも知らずに死と呼ばれる状態に留まっている。嗜好などの欲求や気持ちが変わることもあれば、何も自覚しないこともある。通信する力、通信しようとする力が、彼を混乱させ不安にさせる。

それがいつまで続くかは個人によって異なる。魂の実体が自覚していようといまいと、実体の心霊力は絶えず活動している。多くの者が経験しているように、人格や個性と同じく、死も個人的なものである。（1472-1）

問　私はこの次元からどこへ行くのでしょうか？」

答　汝が準備しているところへ、そして汝が築き上げているところへである。（1219-1）

天国、それはどこにあるのか。あなた方の心の中、胸の中、真理が表現される場所の中にある。（262-87）

あなた方は天国に行くのではなく、天国へと成長する。生は切れ目なく続き不滅である。人

は成長するか後退するかのいずれかである。（262-87）

天国はあなた方の内にある。神の国が外にあるとしても、それはあなた方の心に働きかけ、内に沸き起こる光への思いに現れている」（877-27）

魂は創造主のもとへ帰らねばならぬ。人即ち魂を再生から再生へ運ぶのは意志であり、意志は第一原因のもとへ戻る。意志によって、人はまさしくその名にふさわしい実在そのものになり、自身は全体の部分であると知りながらもなお、全体の中の個となる。

死後の交信（ADC）の可能性

僕は霊的な体験が豊富な母に育てられた為、幼少期より霊的な世界を自然と受け入れる様になりました。心霊科学や超心理学を研究したいと思うようになり、研究や実験を始めたのは中学2年の時です。

その後、高校2年でエドガー・ケイシーに出会い神秘体験をした後にも、見えない世界があると仮定しなければ説明つかない様々な体験をしてきました。「百聞は一見に如かず」で言えば、それこそ千聞に匹敵するほどの情報に接し、少なくとも十見以上は体験していると言えるでしょう。

そんな僕であっても、母や兄のＡＤＣは特別でした。

その体験以降、心の中で母や兄に語りかけたり、実際に独り言をつぶやいたり、生前よりももっと身近にその存在を感じるようになりました。ＡＤＣ体験者は潜在的にかなりいるようですが、まだまだ充分とは言えません。死が終わりではないということが、これからの時代に常識となるためには、ＡＤＣの体験者ももっと増えなければなりません。

人が体験した話を聞くのではなく、誰もが自分自身で体験できれば、その人の人生観、死生観は大きく変わり、希望に満ちて人生を歩めるようになるはずです。今も愛する人に先立たれ、さみしい思いをしている多くの人々にこの体験を届けたい。ＡＤＣの事例は、そのほとんどが、故人から生きている人への通信です。それならば、生きている人から故人へ向けて通信することも可能ではないでしょうか？

木は倒れたままにある』の第一前提を心に留めよ。霊界あるいは四次元世界にいる者に、通信してほしいという願いがあり、地上界の誰もがその願いを受診すれば、通信は可能である。どんな要因にもそれなりの力があるといえるが、一番大きな要因は願いである。願いはラジオのように他界した実体の同じ願いに波長を合わせる。（5756-8）

物質界を去ったどの霊も、成長して次の段階に上がるか、ふたたび戻るかが決まるまで、霊の世界に留まっている。実体が通信世界、つまりこの天体に留まっていれば、通信は可能である。この瞬間にも無数の霊が同席している」（3744）

死後の交信（ADC）のための瞑想ワーク

エドガー・ケイシーの語るように、「天国は心の中にある、そして生きている人の顕在意識は死ぬと潜在意識に取って代わる」が真実なら、死者と交信するには潜在意識に働きかける瞑想や祈りが最も有効であることを示しています。

故人は潜在意識状態にあるので、潜在意識と直接つながっているのは、私たちのイメージの世界です。心は創り手です。霊的存在としての人間は、太初に神のイメージの中で一瞬に創造されました。私達にはイメージを使って神のように宇宙を創造する力が授けられています。故人と交信するためにはこのイメージを使った瞑想ワークが最も有効です。

ADC瞑想ワークは睡眠前の時間に行うのが最も有効的です。日々の瞑想のように座って行っても、あるいは布団の中で寝て行ってもいいでしょう。

まずは全身をリラックスさせてください。ゆっくりと3回深呼吸をしてください。リラックスする方法としては足の爪先から頭のてっぺんまで、順番に体の部位に意識を持っていって一つ一つ脱落していくようにイメージする方法、あるいは自分のこれまでの人生で最もリラックスできた場所を思い出してそのイメージの中に身を置くという方法もあります。

　ある程度リラックスができたら、次に交信したい故人の生前あなたが抱いていたイメージを描き出します。そしてその人が今、身近に、自分の隣に存在しているかようにありありと、いきいきと思い描いてください。その人の息遣いや心臓の鼓動が感じられる程になったらその人に聞きたいことを、心の中で問いかけてみてください。ここで大切なのは何度も繰り返し問いかけることではありません。問いかけた後は静かにして答えが返ってくる、聴こえてくるのを待つのです。聴く姿勢が大切です。もしそのまま眠ってしまっても、夢を通して交信できるかもしれません。

　亡くなった故人は、私たちが、夢の中やまどろみの意識状態になった時に交信してくることが多いのです。なのでこのワークは睡眠前が有効なのです。ケイシーも「睡眠は死と呼ばれるものの影である」と語っています。僕が以前交流のあった、日々霊界探訪を繰り返していた霊能者は、夢も霊界の一部だと語ってくれました。ＡＤＣ瞑想ワークは共通の故人を知る複数の人々が集まって輪になって試してみても面白いのではないかと思います。その場合、必ずしも睡眠前の時間にする必要はなく、ワークの参加者が集まれる昼間の時間帯でも構いません。

　ワークの有効な日は僕の経験では、故人の生前の生年月日、あるいは命日で、月が違っていても同じ日であれば、試してみてください。僕が交信できた母や兄、そして複数の友人たちも誕生日に出てきました。その他死者が返ってくると信じられているお盆の時期もいいかもしれません。集合意識が交信を受け入れやすいからです。

さて、僕がイメージを使って、先立たれた故人との死後の交信を試みるワークの話を佐田先生に話した時、佐田先生が過去に作ったハイヤーセルフと対話するイメージワークの話をしてくれました。

驚くべきことにこのワークで過去に先立たれた故人との交信に成功した事例があるというのです。イメージを使って話をするという意味では、これは全く同じ方法であり、そのワークでの成功事例を、僕は「詳しく教えてもらいたい」とお願いしたところ、佐田先生ご自身によって、その事例をレポートとして、この本の中で報告してくださることになりました。

以下、佐田先生による報告を御覧ください。

●死者との語らいから長年の疑問が解ける

自己の本質は、ケイシーの言葉を借りると、エンティティ（実体）となります。その自己の本質とコミュニケーションをとる方法を、ハイアーセルフ・コンタクトのセミナーとして私は提供しています。

そのトレーニングの一つに、昔の親しい人や亡くなった人と、イメージの中で会話するカリキュラムがあります。興味深いことに、この霊界通信ともいえる中では、受講者が「長年、疑問だった親の行動の裏にあった気持ちがわかった」などの体験談を語ることが少なくありません。それが今回の魚田先生の書籍を補うのに役立つため、主に会話部分を中心に切り出して記します。

●亡くなった母親とのコンタクト事例

誘導者（佐田）は受講者へ「母さんは、どこで生まれたの？　聞いてみて…。お母さんはなんと答えましたか？」と質問します。

（母の答え：○○県の△で産まれたのよ。…など）

「好きな食べものは？」とか、家族であれば知っている内容で質疑応答を繰り返します。

これは、「母の声を聞く霊界ラジオのチャンネル」に、自分のマインドの波動をチューニングするのが目的のトレーニングです。繰り返すうちに、母の霊とチューニングが合って、本来は自分の知らないことでも質問すれば、相手が答えてくれる状態になります。もちろん最初は、曖昧な答え方かもしれません。精度の問題ですが、訓練を続けると、知りたい情報に明瞭に答えてくれる回数が増えてきます。

Q：母さんが生まれたとき、お爺さん・お婆さんはどうだった。喜んでた？
A：そうね。初めての女の子だったから、特に母さん、あなたにとってお婆ちゃんね、は喜んだよ。
Q：赤ちゃんのときのこと憶えてる？
A：ほとんど憶えてないけど、夜泣きが多くて、大変だったって。夜中に熱をよく出して、朝から病院によく行ったって。体は強い方ではなかったね、あの頃は…。親からもそう聞かされてたし。

Q：愛されてた？

A：と思うよ。それは小学校になって、初めて風邪で学校休んだときに聞かされたの。「お前が赤ちゃんのとき、よく熱を出してたのよ」って、たくさん聞かされたから。そのとき、頭を撫でてくれてね。幸せな感覚になったけど、夏前で外は雨だったから、同級生に悪いなって、全然関係ないことを一瞬考えたのね、不思議と。言葉にすると、みんな勉強してるのに自分だけ学校休んで幸せになって、って感じかな？これって罪悪感かも（笑）。

その後、「どうして父さんと出会ったの？」など聞いていきます。

ある程度の会話が続いたら、両者のチューニングが合ってきた証拠。そこで、昔からの疑問を相手へ質問します。

質疑応答トレーニングの中、受講者が子どものころ、母から怒られて理由がわからず、モヤモヤしていたことを思い出しました。

Q：小学三年生のとき、僕が○○したときのこと覚えてる？　なんであのとき厳しく怒ったの？強く怒られた理由がわからなくて。

A……そういうこともあったね。あのとき、あなたは嘘をついていたでしょ？　憶えてないかもしれないけど、それを私が指摘しても、あなたはもっともそうな理由をつけて、ごまかそうとした。小学生のときと違って、自我が芽生えてきたからかもしれないけど、そのときの嘘って保身のためだったから、こんな嘘を学校でついたら、クラスで嫌われると思って厳しくしなきゃ、と。それと、立派な人になってもらいたかったので、お母さんは悲しかったのね。だから余計に。

受講者は、このような対話が自分の中で起こり、結末は予想外の展開であり、強く怒られた理由が母の愛をあらわしたものだった、と納得をしたのでした。この体験を通して、「あのときの母の怒りの背後には不安と愛の両方があるのが見えて良かった」と語っていました。許しが起きるときは、許したい相手の「怒りの背景」が理解できた時であることも身を持って体験したのです。

このような体験をして、人は成長するのですね。亡くなった方とのコンタクトが優位に働いた事例でした。

その場で答えてくれずとも、夢の中で現れたり、風呂などでリラックスしているときや朝の起きがけなどに突然、母からのメッセージが聞こえるときもあります。何ごとも希望を持ち続けていれば叶います。

佐田先生の報告レポートは以上です。佐田先生、ありがとうございました。

佐田先生の成功例は、生きている人から先立たれた故人へ向けて交信をするという、新しい形でのＡＤＣ体験が充分可能であるという確かな根拠にもなりうるものです。

この本の読者の皆さんにお願いです。愛する人に先立たれ、さみしい思いをしている人がいたら是非、このイメージを使ったＡＤＣ瞑想ワークを勧めてください。もしかしたら先立たれた故人と交信ができるかもしれません。そして成功したワークの体験談をこれからもっと集めていきたいと思います。

死が終わりではない、そして人間が永遠の生命を生きる存在であることを実感できる人々が増えると、エドガー・ケイシーの予言した新時代の到来を早めることになるでしょう。

参考引用文献

『林陽　死後の世界―あの世とはなんとすごい世界なんだ―』林陽編著、中央アート出版

『輪廻する魂』桜井久美子訳、日本エドガー・ケイシーセンター

あとがきー新しい時代（弥勒の世）の到来

ケイシーが新しい時代の扉を開いた

新しい時代がもう、まもなく幕を開けようとしています。いや、もう始まっているのかもしれません。新たな時代は、日本では、明治時代より数多の宗教的指導者や『日月神示』などの予言書により、「弥勒の世」と呼ばれてきました。その到来を予言したのは宗教かもしれませんが、弥勒の世では形としての宗教(団体)は存在しません。本来あるべき宗教の真の意味が理解され、多くの人が霊的に覚醒し、これまで社会に蔓延していた嘘や欺瞞は必要なくなるでしょう。

たとえ悪気のない嘘であっても、わかってしまうので、人々は嘘をつくことができなくなります。というか、嘘が必要なくなる世の中になるというべきでしょうか。そしてエドガー・ケイシーによって明らかにされたのは、我々の内には、これまでの想像を絶する叡智が眠っているということです。ケイシーはその扉を開いて見せてくれたのです。人間は神よりいでて神に帰る旅の途上にあるのです。

エドガー・ケイシーの精髄とはなにか？

それは彼が晩年に十数年をかけて完成させたテキスト、神の探求ではないかと言われています。新しい時代に秩序をもたらす教科書となるだろうとケイシーは語りました。しかし神の探求で最も大切なものは何でしょうか？　それは瞑想です。何故、初めと終わりに同じ瞑想の章があるのでしょうか？

ケイシーは神修行の三本柱を明らかにしていますが、それは「瞑想と祈りと夢解釈」です。それに加えて魂の方向性をはっきり定めるために、「霊的理想を設定し確立させること」。この4つが最も大切なケイシーの精髄です。瞑想は進化の過程で誰もが学ばなければならないもので、肉体や精神体をその霊的源に同調させること。霊的源は神とひとつです。神を大洋だとすると我々はその一滴（ひとしずく）に例えられます。

瞑想は神を遠い存在から身近な存在に変えてくれます。我々が神に望むだけ神も我々に近づいてくれるのです。瞑想を通して僕は神の臨在を何度も感じました。そして瞑想が深まる時、啓示的な夢を見るのです。神に導かれていることを実感します。

そして神の御前では我々は謙虚にならなければなりません。瞑想の章にある「ファリサイ人」（「パリサイ人」とも）とは一体誰のことでしょうか？　それは我々自身のことです。我々は取税人のように、自我を滅し、謙虚な気持ちで神の御前に立つことができるでしょうか。

瞑想を深め、神を身近に感じることができれば、そのときこそ、神の探求に書かれていることが生きてくるのです。なので本来神の探求に取り組むものは、瞑想、祈り、夢の解釈で日々、道を求めている人たちが集まって取り組むのがベストなのです。

「我々は神の息吹の中に生き、活動し、また我が存在をその中にあると自覚しうるようになった時、初めてすべてを神の御手に委ね、すべてを任せ、日毎に理解して、自らの義務を果たすことができる」（エドガー・ケイシー）

最後にこれまでの人生で僕を霊的に導いてくれた3つの祈りを記します。

「イエス・キリスト様。憐れみ深くましますように。イエス様なくしては我何事もなしえない悲惨な罪人であります。どうか、悪に抵抗する力と善を成す意向とをお与えくださいますように」
（スウェデンボルグの祈り・ボルグ研究家、中川時雄氏のご教授による）

「主なる神様私はここにおります。今日今晩、私が他の人々に、より良く奉仕できますように、私をお使いください。おお、神様あなたの御名に、あなたの子なるイエス・キリストに栄光があり、あなたの御名において、私自身に誉れがありますように、私に人々を愛させてください。」

（エドガー・ケイシーの座右銘　奉仕の祈り　『奇跡の人』第29章より）

「ああ、神様、私の意志ではなく、あなたの御心が私のうちに、私を通して行われますように、今日、今、私をすべての道において接する人々への絶えざる祝福の水路としてお用いください。私に来たるもの、私よりいづるものすべてが、あなたが私にお求めになるものと一つでありますように。あなたの呼び掛けがくるとき、私はここにおります。どうか私をお遣いください。私をお用いください」

（エドガー・ケイシー　262-3 神の探求第1課の祈り）

感謝の言葉―ありがとうの波―

今回、推薦文を佐田先生、斎藤社長のお二人にいただき、さらに佐田先生には監修もお願いしました。重ねて感謝いたします。

「僕はエドガー・ケイシーの本を書くのだ」その思いは遠く40年前の学生時代に漠然としたイメージとして存在しました。しかしそれが具体的な形になり始めたのはこの2年ほどのことでした。

去年の初めに、感動塾の講師に招いてくださった主宰の重藤悦男先生、奈良・天理の自然派カフェ「シンフォニア」のオーナー、佐々木邦子ママ、そしてそのご縁を繋ぎ、岡山にも何度も招聘いただきました岡山の英語教師、伊丹絢音子先生に深く感謝いたします。

感動塾、シンフォニア、岡山での講演が僕自身のこれまで曖昧であったケイシーの本が具体化に向けてイメージが膨らみ、育まれてきたことは間違いありません。

過去に僕が所属していたサークルの代表としの御縁があり、日本建国社の社長として35年越しの新たなご縁をいただいたことで、急速に出版が現実化していきました。時空を超えて紡がれた御縁に神のはからいを感じます。原稿執筆がなかなか進まず、1年以上にも及ぶ遅延を、時に叱咤激励を込めて、忍耐強く待ってくださった斎藤敏一社長に深く感謝いたします。

30年以上の長きにわたり、エドガー・ケイシーを研究されてきた同門でありますが、実際に僕と御縁ができたのは去年のことです。心理学の分野で既に著名であり、執筆を進める数多くのアイデアと助言をいただいた佐田弘幸先生に深く感謝いたします。

17.歳で、エドガー・ケイシーの伝記に感動した時から46年を経て、連綿として紡がれてきた思いがやっと現実となりました。エドガー・ケイシーを知る前から2年前まで共に人生を歩み、助け、導いてくれた家族、父、母、兄、犬のジローにも感謝したい気持ちです。

そして僕の人生の四季折々を彩ってくれた数々のソウルメイトたち、同胞たち、兄弟、姉妹にも深い感謝を捧げます。

小さなさざなみからうねりを挙げ、大きな津波となって、僕の人生で御縁のあった名もなき人たちの愛が、ありがとうの波となって押し寄せてきます。それはまるで、新たな至高体験のようです。

僕を包むすべての光に深く感謝いたします。ありがとうございました‼

2024年(令和6年)6月7日　　魚田邦彦

魚田 邦彦 うおたくにひこ

1959（昭和34）年、大阪生まれ。1977年、高校生の時にエドガー・ケイシーの伝記を読み、深く感銘し研究を開始。ケイシー研究家・林陽氏に師事してケイシー思想を学ぶ。1981年には藤本実氏と共に大阪エドガー・ケイシー研究会（ＡＲＥ公認スタディグループ大阪＃１）を創設。以降、ケイシー思想の普及を柱として、様々な精神世界系の活動を展開。2014年に介護士となり、介護の仕事を始める。2019年、看取り士の資格を取り看取り士となり、2021年４月に母、10月に兄の死を看取る。大阪市在住（MAIL：uotasola@gmail.com）。

眠れる預言者の肖像
エドガー・ケイシーと共に永遠の生命を生きる喜び

発行日　2024年7月30日　初版第一刷
著　者　魚田邦彦

発行所　(有)日本建国社
〒252-0333 神奈川県相模原市南区東大沼4—11—10
TEL/FAX (042)705-6457
発売元　星雲社（共同出版・流通責任出版社）
〒112-0005 東京都文京区水道１丁目３番30号
TEL 03-3868-3275　FAX 03-3868-6588
印　刷　(有)ニシダ印刷製本
編　集　斎藤敏一
装　丁　斎藤敏一

ISBN978-4-434-34504-3
定価はカバーに表示してあります。

日本建国社の本②

エイリアンから日本人へ

YouTubeに登場するUFO動画で最も際立つのが「１、２、３」と三本の剣が投影される１ショットだ。明治維新のきっかけは浦賀沖に現われた黒船だったが、地球維新のきっかけは三本の剣「神世三剣」である。A5版、174頁。

お求めは日本建国社（あじまりかん友の会）へ
〒252-0333 神奈川県相模原市南区東大沼4-11-10 ☎042-705-6457
ホームページから購入 → https://ajimarikan.com/books/

あじまりかん通信バックナンバー

機関誌『あじまりかん通信』は第４０号をもって完結いたしました。

現在会員は募集していません。バックナンバーを希望される方は、下記まで電話またはメールでご連絡ください。

・振込先：郵便局 口座記号番号：00210-9-87379
口座名称：アジマリカントモノカイ
・連絡先：〒252-0333 神奈川県相模原市南区東大沼4-11-10
あじまりかん友の会　斎藤敏一
MAIL tomonokai@ajimarikan.com
TEL 042-705-6457
<ホームページからも本の購入・入会ができます>
・本の購入は→ https://ajimarikan.com/books/